Sicherheitsrisiko: Passwort

Klassifizierung von 4A-Software – ein Modell zur Entscheidungsunterstützung

Stefan Blumenberg

Stefan Blumenberg

SICHERHEITSRISIKO: PASSWORT

Klassifizierung von 4A-Software - ein Modell zur Entscheidungsunterstützung

ibidem-Verlag
Stuttgart

Bibliografische Information Der Deutschen Bibliothek

Die Deutsche Bibliothek verzeichnet diese Publikation in der Deutschen Nationalbibliografie; detaillierte bibliografische Daten sind im Internet über <http://dnb.ddb.de> abrufbar.

∞

Gedruckt auf alterungsbeständigem, säurefreien Papier
Printed on acid-free paper

ISBN: 3-89821-219-X

Printed in Germany

Gliederung

ABBILDUNGSVERZEICHNIS .... **IX**

ABKÜRZUNGSVERZEICHNIS .... **X**

FORMELVERZEICHNIS .... **XII**

SYMBOLVERZEICHNIS .... **XIII**

TABELLENVERZEICHNIS .... **XV**

A. EINLEITUNG **1**

1. Problemformulierung **1**

2. Abgrenzung des Themas **2**

3. Gang der Untersuchung **3**

B. HAUPTTEIL **5**

1. Das 4A-Sicherheits-Framework **5**

1.1 Authentifikation 5

1.1.1 Wissensgebundene Authentifikation 6

1.1.2 Besitzgebundene Authentifikation 6

1.1.3 Eigenschaftsgebundene Authentifikation 7

1.1.4 Ortsgebundene Authentifikation 7

1.1.5 Kombinationsmöglichkeiten der vier Authentifikationsansätze 8

1.2 Authorization 9

1.3 Administration 10

1.4 Audit 11

1.5 Zusammenspiel der Elemente des Frameworks 11

2. Funktionalitäten von Single Sign-On-Software **13**

2.1 Administrative Funktionalitäten 14

2.1.1 Password-Policy 14

2.1.2 Rollenkonzept 15
2.1.3 Hierarchische Administration 16
2.1.4 Administrator darf Nutzerdaten nicht manipulieren 16
2.1.5 Einheitliche Oberfläche 17
2.1.6 Support 17
2.2 Technische Funktionalitäten 17
2.2.1 Unterstützte Produkte 17
2.2.2 Unterstützung von Verzeichnisdiensten (Directory Services) 19
2.2.3 Verschlüsselung 20
2.2.4 Erweiterung der SSO-Software auf eine Public-Key-Infrastructure 20
2.2.5 Biometrische Verfahren 21
2.2.6 Skalierbarkeit 22
2.2.7 Externer Zugriff 22
2.2.8 Protokolldatei 23
2.2.9 Directory Mapping 23
2.2.10 Erweiterte Nutzerdaten 23
2.2.11 Replizierung 23
2.2.12 Zentrale Speicherung 24
2.2.13 Ressourcen-Überwachung 25
2.2.14 Einmal-Passwörter 25
2.3 Benutzerbezogene Funktionalitäten 26
2.3.1 Selbstregistrierung 26
2.3.2 Passwortgenerierung 26
2.3.3 Getrennter Modus 26
2.3.4 Anmeldehinweis 27
2.3.5 Applikationsauswahl 27
2.4 Einordnung von SSO-Software im 4A-Framework 27

3. Gewichtung der Funktionalitäten zur Berücksichtigung der individuellen Präferenz 31
3.1 Formalstatistischer zweistufiger Gewichtungsansatz 31
3.1.1 Gewichtung der Funktionalitätenklassen 31
3.1.1.1 Definition der Eigenschaften und Eigenschaftsausprägungen 32
3.1.1.2 Erhebungsdesign 32
3.1.1.3 Bewertung der Stimuli 33

3.1.1.4 Berechnung der Teilnutzenwerte ... 34
3.1.1.5 Normierung der Teilnutzenwerte ... 37
3.1.1.6 Relative Wichtigkeit der Eigenschaften ... 39
3.1.2 Gewichtung der Funktionalitäten innerhalb der Klassen ... 41
3.1.2.1 Paarweiser Vergleich der Funktionalitäten ... 41
3.1.2.2 Grundlagen des „Law of Comparative Judgement" ... 42
3.1.2.3 Theorie des „Law of Comparative Judgement" ... 43
3.1.2.4 Case 5 des „Law of Comparative Judgement" ... 48
3.1.2.5 Heuristik zur Ermittlung der Gewichtung aus den intervallskalierten Daten ... 49
3.1.2.6 Beispiel zur Berechnung der Gewichte der Funktionalitäten mittels des „Law of Comparative Judgement" ... 50
3.2 Pragmatisch orientierter einstufiger Gewichtungsansatz ... 55
3.2.1 Beispiel zur Berechnung der Gewichtung mittels des einstufigen Verfahrens ... 57
3.3 Vergleich der Gewichtungsverfahren ... 59

4. Kostenträger einer Single Sign-On-Software ... 61
4.1 Direkte Kosten ... 62
4.1.1 Lizenzkosten ... 62
4.1.2 Hardwarekosten ... 62
4.1.3 Rolloutkosten ... 63
4.1.4 Engineering ... 64
4.1.5 Konfigurierungskosten ... 64
4.1.6 Pilotphase ... 65
4.1.7 Wartungsverträge ... 65
4.1.8 Helpdeskkosten ... 66
4.1.9 Schulungskosten ... 66
4.1.10 Wartungskosten ... 67
4.1.11 Beratungskosten ... 67
4.2 Indirekte Kosten ... 67
4.2.1 Kosten für Ausfall des Systems ... 68
4.2.2 Kosten durch Aufwendungen der Nutzer ... 68
4.2.3 Kosten durch Festlegung auf einen Standard ... 69
4.3 Terminologiebetrachtung ... 69

4.4 Kritische Betrachtung des Total Cost of Ownership Modells der Gartner Group 70

5. Interdependenzbetrachtung 73
5.1 Grundlagen der Regressionsanalyse 73
5.2 Bestimmung der Regressionsfunktion 74
5.3 Interpretation der Regressionskoeffizienten 76
5.4 Überprüfung der Güte der Regressionsfunktion 76
5.4.1 Globale Überprüfung der Regressionsfunktion 77
5.4.2 Überprüfung einzelner Regressionskoeffizienten 78

6. Zusammenführung der Elemente im Modell zur Entscheidungsunterstützung 79
6.1 Vorauswahl der SSO-Software 79
6.2 Überprüfung der Produkte auf ihre Funktionalitäten 79
6.3 Ermittlung der Gewichtungsfaktoren 80
6.4 Bestimmung der kumulierten, gewichteten Funktionalitätenwerte 81
6.5 Bestimmung der Total Cost of Ownership 82
6.6 Interpretation des Entscheidungsunterstützungsmodells 82

C. SCHLUSS 85

LITERATURVERZEICHNIS 89

ANHANG A: FRAGEBOGEN 99

Abbildungsverzeichnis

Abbildung 1: Normalverteilungen der Eigenschaften i und j auf dem Bewertungskontinuum mit den zugehörigen Parametern 44
Abbildung 2: Präferenzverteilung 46
Abbildung 3: Die gesuchten $\overline{x}_i$ Werte auf der Intervallskala 53
Abbildung 4: Paarvergleich beim einstufigen Gewichtungsverfahren 55
Abbildung 5: Beispielfragebogen zur Berechnung der Gewichtungsfaktoren 58
Abbildung 6: Gleichungssystem des in Abbildung 5 gezeigten Fragebogens 58
Abbildung 7: Gewichtungsfaktoren des in Abbildung 5 gezeigten Fragebogens 59
Abbildung 8: konvexe Regressionsfunktion 75
Abbildung 9: lineare Regressionsfunktion 75
Abbildung 10: konkave Regressionsfunktion 75
Abbildung 11: Darstellung der fiktiven Produkte A, B und C im karthesischen Koordinatensystem 82

Abkürzungsverzeichnis

4A	„Authentication, Authorization, Administration, Audit“
API	Application Programming Interface
B2C	Business-to-Consumer
EDV	Elektronische Datenverarbeitung
FAP	File Allocation Problem
GPS	Global Positioning System
HTML	Hyper Text Markup Language
ID	Identification
IT	Informations-Technologie
JITT	Just-In-Time-Training-Tools
LAN	Local Area Network
LDAP	Lightweight Directory Access Protocol
p.	page
PDA	Personal Digital Assistant
PIN	Personal Identification Number (Persönliche Identifikationsnummer)
PKI	Public-Key-Infrastructure
S.	Seite
SPSS	Statistical Package for the Social Sciences
SSO	Single Sign-On
TCO	Total Cost of Ownership
TCP/IP	Transmission Control Protocol/Internet Protocol

UMTS	Universal Mobile Telecommunications System
u.U.	unter Umständen
Vgl.	Vergleiche
XML	Extensible Markup Language

Formelverzeichnis

Formel 1: Gesamtnutzen des Stimulus k ... 35
Formel 2: Auf null normierte Teilnutzenwerte ... 38
Formel 3: Normierte Teilnutzenwerte ... 38
Formel 4: Relative Wichtigkeit der Eigenschaft i ... 40
Formel 5: Differenz der Mittelwerte der Eigenschaften i und j ... 44
Formel 6: Aggregierte Differenz der arithmetischen Mittelwerte der Eigenschaften i und j/ Mittelwert der Präferenzverteilung ... 44
Formel 7: Standardabweichung der Präferenzverteilung ... 45
Formel 8: Umformung einer Normalverteilung in eine Standardnormalverteilung ... 46
Formel 9: Abszissenwert der Fläche w_{ij} nach der Transformation ... 47
Formel 10: $z_{ij}(w_{ij})$ Werte ... 47
Formel 11: „Law of Comparative Judgement“ ... 48
Formel 12: „Case 5“ des „Law of Comparative Judgement“ ... 48
Formel 13: Mittelwerte auf der Intervallskala ... 49
Formel 14: Indifferenz zwischen Eigenschaft A und Eigenschaft B ... 56
Formel 15: Eigenschaft B wird Eigenschaft A vorgezogen ... 56
Formel 16: Summenbedingung ... 57
Formel 17: Regressionsfunktion ... 74

Symbolverzeichnis

A_m administrative Funktionalitäten in der Ausprägung mittel

A_s administrative Funktionalitäten in der Ausprägung stark

A_w administrative Funktionalitäten in der Ausprägung schwach

b_0, b_1, b_2 Regressionskoeffizienten

β_i^{min} der kleinste Teilnutzenwert der Eigenschaft *i*

β_{ir} Teilnutzenwert für Eigenschaftsausprägung *r* von Eigenschaft *i*

β_{ir}^* auf null normierte Teilnutzenwerte Eigenschaftsausprägung *r* von Eigenschaft *i*

$\hat{\beta}_{ir}$ normierter Teilnutzenwert für Eigenschaftsausprägung *r* von Eigenschaft *i*

B_m benutzerbezogene Funktionalitäten in der Ausprägung mittel

B_s benutzerbezogene Funktionalitäten in der Ausprägung stark

B_w benutzerbezogene Funktionalitäten in der Ausprägung schwach

ε Residuen der Regressionsfunktion

μ Durchschnittsrang der vergebenen Rangwerte

r_{ij} Korrelationskoeffizient der Eigenschaften i und j

σ_i Standardabweichung der Normalverteilung *i*

σ_{ij} Standardabweichung der Präferenzverteilung

σ_j Standardabweichung der Normalverteilung *j*

T_m technische Funktionalitäten in der Ausprägung mittel

T_s technische Funktionalitäten in der Ausprägung stark

T_w technische Funktionalitäten in der Ausprägung schwach

w_i relative Wichtigkeit der Eigenschaft i

w_{ij} prozentuale Zahl der Personen, die Eigenschaft i Eigenschaft j vorziehen

w_{ji} prozentuale Zahl der Personen, die Eigenschaft j Eigenschaft i vorziehen

X_1, X_2 unabhängige Variablen der Regressionsfunktion (Regressoren)

X_a Nutzen der Eigenschaft A

X_b Nutzen der Eigenschaft B

X_n Nutzen der Eigenschaft n

X_i individueller Skalenwert der Eigenschaft i

X_{ij} individuelle Differenz der Skalenwerte der Eigenschaften i und j

X_j individueller Skalenwert der Eigenschaft j

$\overline{X}_i$ Mittelwert der Normalverteilung *i*

$\overline{X}_j$ Mittelwert der Normalverteilung *j*

Y abhängige Variable der Regressionsfunktion (Regressand)

y_k Gesamtnutzen des Stimulus k

Tabellenverzeichnis

Tabelle 1: Fraktioniertes Design 33
Tabelle 2: Rangwerte eines Entscheidungsträgers 34
Tabelle 3: Durchschnittliche empirische Rangdaten und zugehörige Teilnutzenwerte der Eigenschaftsausprägungen der Beispieldaten 36
Tabelle 4: Vergleich der empirischen Rangwerte und der Gesamtnutzenwerte der Stimuli 37
Tabelle 5: Auf null normierte Teilnutzenwerte und normierte Teilnutzenwerte des Beispieles 39
Tabelle 6: Relative Wichtigkeiten der Eigenschaften des Beispieles 41
Tabelle 7: Absolute Werte einer Befragung 51
Tabelle 8: Relative Werte einer Befragung/ w_{ij}, w_{ji} Werte 51
Tabelle 9: Zu den w_{ji}/ w_{ij} -Werten zugehörige $z_{ji}(w_{ji})$, $z_{ij}(w_{ij})$ Werte 52
Tabelle 10: Distanzwerte der Eigenschaften und resultierende Gewichtungsfaktoren 54
Tabelle 11: Funktionalitätenwerte, Gewichtungsfaktoren und kumulierte, gewichtete Funktionalitätenwerte der fiktiven SSO-Produkte A, B und C 81

A. Einleitung

1. Problemformulierung

Der Einsatz von modernen Informations- und Kommunikationssystemen erlaubt eine immer schnellere Abwicklung von Geschäftsprozessen und eröffnet vielen Organisationen neue Märkte. Aufgrund der sich häufig verändernden Anforderungen sind Organisationen immer wieder gezwungen, neue Technologien in die Netzwerkstrukturen zu integrieren. So entsteht in einem Unternehmen eine sehr heterogene Systemlandschaft, die mit zunehmender Entwicklung immer komplexer wird, da immer mehr verschiedene Systeme nebeneinander existieren und zusammenarbeiten müssen. Aus dieser Koexistenz heterogener Systeme resultieren viele Probleme. Eines dieser Probleme ist die große Anzahl von Nutzerdaten, die sich der einzelne in einer Organisation merken muss. Häufig vergessen die Mitarbeiter ihre Nutzerdaten oder notieren sie an ungeeigneten Orten. Die daraus resultierenden Probleme lassen sich aber mit den am Markt erhältlichen Single Sign-On (SSO) Produkten beheben, die seit einigen Jahren verfügbar sind. Sie reduzieren die Nutzerdaten im Optimalfall auf genau einen Benutzernamen und ein Passwort für jeden Benutzer. Diese Produkte haben sich aber in den letzten Jahren genauso wie die an sie gestellten Anforderungen stark verändert. Standen anfangs bei den Single Sign-On Produkten entsprechend den Entwicklungen in der EDV noch die Kompatibilität mit Mainframe-Lösungen und Applikationen im Vordergrund, wurden die Anforderungen inzwischen auf Webapplikationen und Zugang zu Webseiten erweitert. Außerdem werden sich durch den ständig wachsenden Markt der mobilen Endgeräte die SSO-Produkte auch in dieser Hinsicht in den nächsten Monaten und Jahren anpassen, um auch einen einfachen Zugriff über mobile Endgeräte zu erreichen.

Es stellt sich die Frage, anhand welcher Kriterien man die verschiedenen SSO-Produkte miteinander vergleichen kann. Dabei müssen auch die unterschiedlichen Präferenzen berücksichtigt werden, die aus sehr unterschiedlichen heterogenen Systemumfeldern resultieren, um ein an die einzelne Organisation angepasste Auswahl der SSO-Software zu gewährleisten. Weiterhin müssen die Kriterien umfassend genug sein, um alle am Markt befindlichen Produkte abzudecken.

2. Abgrenzung des Themas

Diese Untersuchung soll ein Entscheidungsunterstützungsmodell modellieren, das verschiedene Produkte mit Single Sign-On Funktionalität voneinander abgrenzt und damit die Wahl eines Produktes für eine vorgegebene Netzwerkinfrastruktur vereinfachen soll. Die zentrale Fragestellung ist die Identifikation von Kriterien zur Klassifizierung von Single Sign-On-Software und deren Nutzung zur Abgrenzung verschiedener Produkte.

Allerdings ist die Definition von Single Sign-On-Software in der Literatur weitestgehend unklar, da dieser Bereich des Softwaremarktes durch fortschreitende Innovationen einer ständigen Veränderung unterworfen ist.[1]

In dieser Studie soll ausschließlich auf Software eingegangen werden, die die Zahl der notwendigen Identifikationsmerkmale reduziert und diese im Optimum auf ein einziges Merkmal beschränkt. Der Benutzer soll nur einmal aufgefordert werden, sich mit diesem Merkmal zu identifizieren und trotzdem Zugriff auf mehrere Applikationen erhalten. Gemäß dieser Definition sollen hier keine Lösungen betrachtet werden, die eine Passwortsynchronisierung über mehrere Applikationen ermöglichen. Diese Produkte erreichen scheinbar die gleichen Ziele wie eine Software, die der oben genannten Definition entspricht, allerdings weisen Programme zur Passwortsynchronisierung mehrere Nachteile auf. Durch die Angleichung der Passwörter wird die schwächste Passwortrichtlinie allen anderen Applikationen aufgezwungen.[2] Der Benutzer muss sich immer wieder (wenn auch mit den gleichen Nutzerdaten) bei den Applikationen anmelden.[3]

In der Praxis ist häufig eine Reduzierung auf ein Identifikationsmerkmal nicht zu realisieren, da die Heterogenität der verwendeten Systeme keinen Einsatz von einer einzelnen Lösung ermöglicht.[4] Trotzdem wird in dieser Untersuchung der englische Ausdruck Single Sign-On verwendet, auch für den Fall, dass keine Reduzierung der Identifikationsmerkmale auf ein einziges erreicht werden kann.

---

[1] Vgl. Hunt, Steve: Single Sign On 2000: The State of the Market, online: Giga Information Group, Idea Byte, 30.08.2000, p.1.

[2] Vgl. Carden, Philip: The New Face Of Single Sign-On, online: Network Computing: http://www.networkcomputing.com/shared/printArticle?article=nc/1006/1006f1full.html&pub=nwc, [Stand: 16.09.2001].

[3] Vgl. Hunt, Steve: Password Synchronization, Single Sign-On and Central Administration, Giga Information Group, Idea Byte, 08.06.1999, p.1.

[4] Vgl. Girard, John: Gartner Symposium Itxpo 2000, online: Gartner Group Inc., p.9.

3. Gang der Untersuchung

Die Studie umfasst sechs Kapitel, wobei im ersten Kapitel Single Sign-On-Software im Kontext der Sicherheitssoftware dargestellt wird. Die danach folgenden Kapitel betrachten die Kriterien zur Klassifizierung von Single Sign-On-Software, die dann schließlich im letzten Kapitel zu einem Modell zur Entscheidungsunterstützung zusammengeführt werden.

Im ersten Kapitel wird das Sicherheitsframework erläutert, dessen Eigenschaften zur Einordnung jeglicher Sicherheitssoftware verwendet werden kann. Da die Einordnung einer Single Sign-On-Software in dieses Framework nur aufgrund ihrer Eigenschaften vorgenommen werden kann, erläutert das anschließende Kapitel die Funktionalitäten von SSO-Software. Nach der Erläuterung der Funktionalitäten erfolgt die Einordnung der Klasse der SSO-Produkte in das Sicherheitsframework. Zusätzlich zu der Einordnung in das Sicherheitsframework werden die Funktionalitäten als erstes Element für das eingangs erwähnte Modell zur Entscheidungsunterstützung benötigt. Da aufgrund von heterogenen Systemumgebungen aber nicht immer alle Funktionalitäten von Bedeutung sind, stellt das dritte Kapitel Gewichtungsmethoden zur Erhebung der individuellen Präferenzen in Bezug auf die Funktionalitäten einer SSO-Software dar. Dabei wird sowohl ein formalstatistischer Ansatz dargestellt, als auch eine pragmatisch geprägte Möglichkeit der Erhebung von Präferenzen.

Im vierten Kapitel wird das Konzept der Total Cost of Ownership herangezogen, um die Kosten eines SSO-Produktes als zweites Element des Modells zur Entscheidungsunterstützung zu beschreiben. Dabei sollen sowohl die offensichtlich anfallenden Kosten als auch die versteckten Kosten berücksichtigt werden.

Im sich anschließenden Kapitel werden Interdependenzen zwischen den beiden Elementen des Modells zur Entscheidungsunterstützung erörtert und deren Bedeutung erklärt.

Abschließend werden im sechsten Kapitel die Elemente der Funktionalitäten und der Kosten zu einem Modell zur Entscheidungsunterstützung zusammengeführt und dessen Funktionsweise und Aussagekraft anhand eines Beispieles demonstriert.

B. Hauptteil

1. Das 4A-Sicherheits-Framework

Die Bedeutung von Sicherheitssystemen für Unternehmen hat sich von einer notwendigen Anforderung zur Verhinderung von Schadensfällen zu einer Basis für die Abwicklung von Geschäftsprozessen über Netzwerke entwickelt. Sicherheitssysteme werden nun von Unternehmen als wichtige Bestandteile ihrer EDV-Infrastruktur betrachtet, die ihnen einen sicheren Kommunikationsfluss mit neuen Geschäftspartnern über neue Kanäle ermöglicht.[5]

Diese Veränderung gegenüber der Bedeutung von Sicherheitssystemen führte zu der Entwicklung des 4A-Framework, in das jegliches Sicherheitssystem eingeordnet werden kann, indem es anhand seiner Funktionalität zu den einzelnen Elementen des Frameworks zugeordnet wird.[6] Die Abkürzung 4A steht für die englischen Begriffe „Authentication, Authorization, Administration“ und „Audit“, welche Prozessabläufe von Sicherheitssystemen beschreiben.

1.1 Authentifikation

Der Zugang zu einem EDV-System muss so geschützt sein, dass unberechtigte Personen keinen Zugriff auf dieses haben können. Der Prozess der Überprüfung der Identität einer Person wird als Authentifikation (Authentication) bezeichnet.[7] Authentifikation erfolgt über einmalige Merkmale, die den Nutzer einwandfrei identifizieren.[8] Insgesamt können vier verschiedene Konzepte unterschieden werden, die im folgenden näher betrachtet werden.[9]

---

[5] Vgl. Kolodgy, Chuck: Security – Building Trust to Enable eCommerce, online: International Data Corporation: http://www.idc.com/Itadvisor/press/ITP010110a.htm, [Stand: 09.08.2001].

[6] Vgl. Hunt, Steve: Recommendations for Secure E-Business, online: Giga Information Group, Idea Byte, 22.06.2000, p.1.

[7] Vgl. Noakes-Fry, K.: Authentication: Who´s That Knocking on the Door, online: Gartner Group Inc., 06.02.2001, p.1;
o.V.: Authentication, online: The Open Group: http://www.opengroup.org/security/l2-bio.htm, [Stand: 10.08.2001].

[8] Vgl. Eckert, Claudia: IT Sicherheit: Konzepte-Verfahren-Protokolle, 1. Auflage, Oldenburg 2001, S. 305.

[9] Vgl. Lombardo, D./ Pescatore, J.: Selecting Network Authentication for Online Business, online: Gartner Group Inc., 23.06.2000, p.1.

1.1.1 Wissensgebundene Authentifikation

Eine Authentifikation mittels Wissens ist die am häufigsten angewendete und einfachste Form der Authentifikation. Der Benutzer authentifiziert sich gegenüber den Sicherheitssystemen mit einem Passwort oder einer PIN-Nummer. Passwörter und eine PIN-Nummer können allerdings schnell vergessen oder ausgespäht werden oder auch durch Vortäuschung einer falschen Identität („social engineering") in den Besitz von Unbefugten gelangen.[10] Aus diesem Grund sollte eine wissensgebundene Authentifikation nur für Bereiche mit geringen Sicherheitsanforderungen wie z.B. ein allgemeiner Intranet-Login verwendet werden. Allerdings hat eine wissensgebundene Authentifikation auch einen Vorteil gegenüber den anderen Konzepten, da Passwörter und PIN-Nummern mit nahezu allen EDV-Systemen ohne Umrüstungen und Erweiterungen funktionieren, ihre Funktionsweise allseits bekannt ist und eine optimale Verwaltung auch bei einer großen Anzahl von Nutzern gegeben ist.[11]

1.1.2 Besitzgebundene Authentifikation

Die Authentifikation erfolgt mittels eines Objektes, das der Nutzer besitzt.[12] Eine Authentifizierung kann mittels Smartcard, eines sog. PIN Tokens (elektronisches Gerät, das eine Zufallszahl generiert) oder in der nicht EDV-bezogenen Welt mittels eines Schlüssels erfolgen.[13] Die Nachteile einer besitzgebundenen Authentifikation sind die Gefahr des Diebstahls oder des Verlustes des Authentifikationsmerkmales und die teure Implementierung der Lesegeräte für die einzelnen Arbeitsplätze. Allerdings können bei einem Einsatz von Smartcards die Sicherheitsanforderungen durch die Integration von digitalen Zertifikaten deutlich erhöht werden.[14]

---

[10] Vgl. Noakes-Fry, K.: Authentication: Who´s That Knocking on the Door, online: Gartner Group Inc., 06.02.2001, p.5.

[11] Vgl. Bartels, Andrew: Online Authentication Options: User ID´s With Passwords, online: Giga Information Group, Idea Byte, 19.02.1999, p.2;
Hunt, Steve: Passwords Are E-Commerce Friendly, online: Giga Information Group, Idea Byte, 28.03.2000, p.1..

[12] Vgl. Oppliger, Rolf: Computersicherheit: eine Einführung, 1. Auflage, Braunschweig; Wiesbaden 1992, S.60.

[13] Vgl. Noakes-Fry, K.: Authentication: Who´s That Knocking on the Door, online: Gartner Group Inc., 06.02.2001, p.2.

[14] Vgl. Bartels, Andrew: Online Authentication Options: Smart Cards, online: Giga Information Group, Idea Byte, 19.02.1999, p.1.

1.1.3 Eigenschaftsgebundene Authentifikation

Die Authentifikation erfolgt durch ein eindeutiges physisches Merkmal des Benutzers.[15] Man bezeichnet die Erkennung einer einmaligen physischen Eigenschaft eines Benutzers als „biometrische Verfahren", die u.a die Abtastung des Fingerabdruckes, Augenhinter- und vordergrundabtastung sowie die Identifizierung durch die Stimme des Benutzers beinhaltet[16]. Die eigenschaftsgebundene Authentifikation ist eine der sichersten Möglichkeiten, eine Person zu identifizieren, allerdings ist die Implementierung durch die Notwendigkeit von Endgeräten sehr teuer und in der Praxis bis jetzt kaum umgesetzt. Außerdem gibt es noch keinen einheitlichen Standard, der die Kompatibilität zwischen Produkten mit eigenschaftsgebundener Authentifikation und anderen Systemen regelt.[17] Der Einsatz von biometrischen Verfahren hat aber gegenüber einer besitz- oder wissensgebundenen Authentifikation den Vorteil, dass der Benutzer das identifizierende Merkmal weder verlieren kann, noch dass die Gefahr eines Diebstahles besteht.

1.1.4 Ortsgebundene Authentifikation

Bei der ortsgebundenen Authentifikation wird die Position einer Person innerhalb eines Netzwerkes mittels seiner Netzwerkadresse oder außerhalb eines Netzwerkes mittels des Global Positioning Systems (GPS) festgestellt.[18] Dieses Authentifikationskonzept hat aber den Nachteil, dass sich ein Unbefugter Zugang zu dem jeweiligen Rechner und seiner Netzwerkadresse verschaffen kann oder aber auch eine falsche Netzwerkadresse vorgeben kann (IP Spoofing).[19] Die ortsgebundene Authentifi-

---

15 Vgl. Riehm, Ulrich: Biometrische Identifikationssysteme, online: Forschungszentrum Karlsruhe, Technik und Umwelt, Institut für Technikfolgenabschätzung und Systemanalyse: http://www.itas.fzk.de/deu/tadn/tadn001/tagungsbericht2.htm, [Stand: 16.08.2001].

16 Vgl. o.V.: Biometrische Erkennungsmethoden zur Authentisierung von Personen, online: Fraunhofer Institut: http://www.igd.fhg.de/igd-a8/projects/biois/biois_de.html, [Stand: 14.08.2001].

17 Vgl. Bartels, Andrew: Online Authentication Options: Biometrics, online: Giga Information Group, Idea Byte, 19.02.1999, p.2.

18 Vgl. Lombardo, D./ Pescatore, J.: Selecting Network Authentication for Online Business, online: Gartner Group Inc., 23.06.2000, p.1.

19 Vgl. Kersten, Heinrich/ Wolfenstetter, Klaus-Dieter: Handbuch der Informations- und Kommunikationssicherheit, 1. Auflage, Köln 2000, S.59.

kation wird deshalb meistens nur als Verstärkung der ersten drei Authentifikationskonzepte benutzt, da sie allein keine sichere Authentifikation ermöglicht.[20]

1.1.5 Kombinationsmöglichkeiten der vier Authentifikationsansätze

Die vier Authentifikationskonzepte können sowohl einzeln als auch in Kombination miteinander verwendet werden. Durch eine Verknüpfung der Konzepte wird eine größere Sicherheit erreicht, dass die sich authentifizierende Person auch wirklich die ist, die sie vorgibt zu sein.[21] Allerdings bedeutet eine Kombination der einzelnen Konzepte miteinander auch immer eine Steigerung der Kosten, da neue Hard- und Softwarekomponenten angeschafft werden müssen. Außerdem steigt bei einer Kombination mehrerer Konzepte die Komplexität für die Benutzer.[22] Eine Aussage über die optimale Kombination der einzelnen Konzepte zum Schutz eines Systems lässt sich nicht pauschal treffen. Es muss hier vielmehr abgewogen werden, welche Sicherheitsanforderungen für jedes einzelne System bestehen.

Die Absicherung eines für alle Mitarbeiter verfügbaren Intranets durch einen Passwortschutz ist allgemein ausreichend. So sollte aber der Bereich des Netzwerkes, der nur der Führungsebene zur Verfügung steht, besser durch Smartcards in Kombination mit Passwörtern gesichert sein, um so Unbefugten den Zugriff auf die sensiblen Daten zu erschweren. Wird nun für das allgemein verfügbare Intranet eine eigenschaftsgebundene Authentifikation mit biometrischen Verfahren eingeführt, kann das zu erheblichen Mehrkosten führen, die aber im Vergleich zu einem Passwortschutz keinen gesteigerten Nutzen erzeugen.

Ein Nachteil aller Authentifikationskonzepte ist ihre Anfälligkeit gegen Abhörangriffe. Werden Authentifikationsdaten unverschlüsselt übertragen, können sie abgefan-

---

20 Vgl. Noakes-Fry, K.: Authentication: Who´s That Knocking on the Door, online: Gartner Group Inc., 06.02.2001, p.2.

21 Vgl. Lombardo, D./ Pescatore, J.: Selecting Network Authentication for Online Business, online: Gartner Group Inc., 23.06.2000, p.1;
Malik, W.: Does Your Password Policy Reduce Enterprise Security?, online: Gartner Group Inc., 01.05.2000, p.1.

22 Vgl. Noakes-Fry, K.: Authentication: Who´s That Knocking on the Door, online: Gartner Group Inc., 06.02.2001, p.6.

gen und missbraucht werden.[23] Es sollten also alle über das Netzwerk versandten Authentifikationsdaten verschlüsselt werden.
Ebenfalls können sich nichtmenschliche Komponenten (z.B. Server) eines Netzwerkes gegenüber den Nutzern authentifizieren, um ihre Identität zu belegen. Dieser Fall ist aber in dieser Untersuchung nicht relevant.

1.2 Authorization

Nachdem der Benutzer seine Identität gegenüber einem Sicherheitssystem belegt hat, muss sichergestellt werden, dass die einzelnen Benutzer nur die für sie notwendigen Ressourcen wie z.B. Applikationen und Dateien einsehen und benutzen dürfen. Der Prozess der Gewährung von Zugriffsrechten auf bestimmte Ressourcen für einen Benutzer wird als Autorisierung bezeichnet.[24] Die Zuweisung von Benutzerrechten ist für eine Organisation von entscheidender Bedeutung, da die Sicherheit des Gesamtsystems davon abhängt. Es gibt verschiedene Ansätze, Benutzern Zugriffsrechte zuzuweisen. Die herkömmliche Möglichkeit ist die Zuweisung von Rechten für jeden einzelnen Benutzer. Bei dieser Form der Rechtevergabe stehen die einzelnen Benutzer im Mittelpunkt; für jede neu hinzugekommene Person müssen die Rechte für diese neu definiert werden.
Bei rollenbasierten Ansätzen stehen die Aufgaben der Benutzer im Vordergrund. Bei der Definition der einzelnen Rollen wird versucht, die Struktur der Organisation auf die einzelnen Rollen abzubilden.[25] Die Zugriffsrechte werden an Rollen geknüpft, und die Benutzer bekommen die für ihre Aufgaben innerhalb der Organisation notwendigen Rollen zugewiesen.[26] So kann eine Person in Abhängigkeit ihrer Aufgaben einer oder auch mehreren Rollen zugeteilt werden.
Der Einsatz von rollenbasierten Systemen gegenüber den herkömmlichen Systemen reduziert deutlich den Administrationsaufwand, solange die Anzahl der Rollen mög-

---

[23] Vgl. Eckert, Claudia: IT Sicherheit: Konzepte-Verfahren-Protokolle, 1. Auflage, Oldenburg 2001, S. 62.

[24] Vgl. o.V.: Authorization, online: The Open Group: http://www.opengroup.org/security/l2-auth.htm, [Stand: 25.08.2001].

[25] Vgl. o.V.: An Introduction to Role-Based Access Control, online: National Institute of Standards and Technology: http://csrc.nist.gov/publications/nistbul/csl95-12.txt, [Stand: 25.08.2001].

[26] Vgl. Eckert, Claudia: IT Sicherheit: Konzepte-Verfahren-Protokolle, 1. Auflage, Oldenburg 2001, S. 129.

lichst klein gehalten wird. Allerdings müssen die verschiedenen Rollen auch kontinuierlich gepflegt werden, um den ständig veränderten Anforderungen des Unternehmens immer gerecht zu werden.[27]

1.3 Administration

Administration ist der Prozess der Verwaltung, Änderung und Anpassung von Benutzerdaten und der Sicherheitsregeln.[28]

Die Administration von Benutzerdaten und Sicherheitsregeln kann in einen technischen und einen organisatorischen Bereich aufgeteilt werden.[29] Der technische Aspekt der Aministration bezieht sich ausschließlich auf die Frage, wie eine Veränderung durchgeführt wird. Diese Veränderung der Benutzerdaten muss an alle Systeme, auf die die Benutzer zugreifen, weitergegeben werden und kann entweder manuell vom Administrator durchgeführt werden oder auch von einer speziellen Software, die diesen Vorgang automatisiert.[30]

Der organisatorische Aspekt versucht die Administration entsprechend der Anforderungen innerhalb einer Organisation zu strukturieren. Die Administrationsaufgabe kann in kleineren Organisationen von einer einzelnen Person übernommen werden. Sobald aber die Anzahl der Nutzer steigt, ist es sinnvoll, die administrativen Aufgaben in eine Hierarchie zu überführen. So kann ein lokaler Administrator, der für eine logische Einheit in einer großen Organisation zuständig ist, besser auf die Bedürfnisse dieser Einheit eingehen, als eine zentrale Administrationsstelle, die für alle Organisationsbereiche zuständig ist.[31]

---

27 Vgl. Merriman, Dan: Roles in E-Commerce Authentication/Authorization: Great Source of Efficiency When Carefully Managed, online: Giga Information Group, Idea Byte, 20.10.1999, p.1.

28 Vgl. Hunt, Steve: The Four A´s of Secure E-Business, online: Giga Information Group, Idea Byte, 07.03.2000, p.1.

29 Vgl. Hunt, Steve: Recommendations for Secure E-Business, online: Giga Information Group, Idea Byte, 22.06.2000, p.2.

30 Vgl. Hunt, Steve/ Rosch, Philip: Optimal Extranet Security: A Methodology, online: Giga Information Group, Planning Assumption, 15.03.2001, p.6.

31 Vgl. Hunt, Steve: Recommendations for Secure E-Business, online: Giga Information Group, Idea Byte, 22.06.2000, p.9.

1.4 Audit

Der Begriff Audit bezeichnet die Überwachung und Protokollierung der Aktivitäten eines Systems und ermöglicht einen detaillierten Einblick in die Abläufe des Systems.[32]

Die Analyse der Daten geschieht aber nicht zeitnah[33], sondern wird a posteriori mit dem Ziel der Erkennung von Überschreitungen und daraus resultierenden Lücken in der Sicherheitsstrategie des Unternehmens durchgeführt.[34] Die erhobenen Daten müssen regelmäßig auf Anomalien durchgesehen werden, um die Sicherheitsmaßnahmen anzupassen.

Die Auswertung der erhaltenen Rohdaten ist aber sehr komplex, da die Datenmenge oft erheblich ist und die einzelnen Applikationen die erzeugten Audit-Daten häufig in einer nicht standardisierten Form ausgeben. Die Analyse kann von einer speziellen Applikation durchgeführt werden, die die unwichtigen Ereignisse eliminiert, die Daten aufbereitet und standardisiert.[35] Da trotz Aufbereitung die Analyse der Daten nur von geschulten und somit teuren Mitarbeitern durchgeführt werden kann, haben sich einige Firmen auf die Übernahme dieser Aufgabe spezialisiert. Besonders bei großen Organisationen kann die Auslagerung der Überwachung eine deutliche Einsparung von Geld und Ressourcen bedeuten.[36]

1.5 Zusammenspiel der Elemente des Frameworks

Nur durch das Vorhandensein und die ordnungsgemäße Implementierung der vier Elemente des Frameworks in einem Gesamtsystem kann von einem sicheren Betrieb ausgegangen werden.[37] Sobald eines der Elemente des Frameworks in einem Sicherheitssystem fehlt, treten schnell vielfältigste Gefahren auf. So erlangt ein Nutzer bei

---

32 Vgl. Eckert, Claudia: IT Sicherheit: Konzepte-Verfahren-Protokolle, 1. Auflage, Oldenburg 2001, S. 9.

33 Vgl. Kersten, Heinrich/ Wolfenstetter, Klaus-Dieter: Handbuch der Informations- und Kommunikationssicherheit, 1. Auflage, Köln 2000, S.325.

34 Vgl. Hunt, Steve: Recommendations for Secure E-Business, online: Giga Information Group, Idea Byte, 22.06.2000, p.2.

35 Vgl. Hunt, Steve/ Rosch, Philip: Optimal Extranet Security: A Methodology, online: Giga Information Group, Planning Assumption, 15.03.2001, p.7.

36 Vg. Hunt, Steve: Market Overview: Managed Security Monitoring, online: Giga Information Group, Planning Assumption, 23.04.2001, p. 1.

37 Vgl. Hunt, Steve: The Four A's of Secure E-Business, online: Giga Information Group, Idea Byte, 07.03.2000, p.1.

einem fehlenden Autorisierungselement Zugriff auf alle Daten. Durch eine fehlende Überwachung der Netzwerkaktivitäten (Audit) werden unbefugte Zugriffe auf sensible Daten erst gar nicht erkannt und können somit nicht bekämpft werden. Außerdem ist die Funktion des Audit von besonderer Wichtigkeit bei der Überprüfung der Sicherheitsstrategie einer Organisation. Sobald häufig Fehler, Probleme oder unerlaubte Zugriffe registriert werden, sollte die Sicherheitsstrategie überdacht werden.
Die Aufgabe der vier Elemente kann in der Praxis von vielfältiger Soft- und Hardware übernommen werden.[38] So wird die Erfüllung der Forderung nach Vorhandensein aller vier Elemente als Grundlange für ein sicheres Gesamtsystem häufig von unterschiedlichen Produkten übernommen, die in Zusammenarbeit die Aufgaben der Authentifizierung, der Autorisierung, der Administration und des Audit erfüllen.
Nach der Erläuterung der vier Elemente des Frameworks soll nun Single Sign-On-Software in dieses Framework eingeordnet werden. Da aber die Einordnung ohne die Verwendung der Funktionalitäten nicht möglich ist, soll hier auf Kapitel 2.4 verwiesen werden, welches sich an die Definition und Erläuterung der Funktionalitäten anschließt.

---

[38] Vgl. Hunt, Steve: Recommendations for Secure E-Business, online: Giga Information Group, Idea Byte, 22.06.2000, p.2.

2. Funktionalitäten von Single Sign-On-Software

Die Funktionalitäten einer Single Sign-On-Software bilden die Grundlage für die Einordnung dieser auf der Abszisse des Entscheidungsunterstützungsmodells.

Die am Markt erhältlichen SSO-Produkte werden häufig in die Unterkategorien der desktopbasierten und der webbasierten Systeme aufgeteilt.[39] Die sogenannten desktopbasierten SSO-Produkte sind Client-Server Systeme. Der auf dem jeweiligen Rechner installierte Klient erfragt nach der einmaligen Authentifizierung des Benutzers von seinem zentralen SSO-Server die Nutzerdaten und gibt diese an die Ressourcen weiter, für die der Benutzer autorisiert ist.[40] Der Fokus der desktopbasierten SSO-Applikationen liegt auf der Vereinfachung des Zugriffs auf organisationsinterne Applikationen und Datenbanken, auf die die Angestellten dieser Organisation bevorzugt über das interne Netzwerk zugreifen.

Die webbasierten SSO-Produkte hingegen verfolgen einen anderen Ansatz. Sie versuchen den Zugriff auf Webapplikationen und Webseiten zu vereinfachen.[41] Allerdings liegt hier der Schwerpunkt nicht auf firmeninternen Netzwerken. Es kann auch ein Fernzugriff auf das geschlossene Netzwerk von außen durch die Mitarbeiter oder auch ein Zugriff von Geschäftspartnern auf das Extranet durchgeführt werden.[42] Ebenso wie bei den desktopbasierten SSO-Applikationen setzen die webbasierten Systeme auf einen zentralen Server. Da aber der Zugriff von außen nicht auf eine feste Anzahl von Benutzern beschränkt ist und deren Rechnerkonfiguration nur schwer kontrolliert werden kann, wird hier häufig auf den Einsatz von proprietärer Klientensoftware zugunsten von Cookies innerhalb von Webbrowsern verzichtet.

Die Unterscheidung in desktop- und webbasierte SSO-Produkte wird aber nur getroffen, da es momentan noch keine Lösung am Markt gibt, die sowohl die klassische firmeninterne Umgebung mit Applikationen und Datenbanken als auch webbasierte

---

39 Vgl. Hunt, Steve: Single Sign On 2000: The State of the Market, online: Giga Information Group, Idea Byte, 30.08.2000, p.1.

40 Vgl. Hunt, Steve: Single Sign On Has Many Faces, online: Giga Information Group, Idea Byte, 19.06.2000, p.1.

41 Vgl. Hunt, Steve: Web Single Sign-On Provides More Functionality, online: Giga Information Group, Idea Byte, 11.04.2000, p.1.

42 Vgl. Hunt, Steve: Single Sign On 2000: The State of the Market, online: Giga Information Group, Idea Byte, 30.08.2000, p.1.

Systeme unterstützt.[43] Durch die fortschreitende Entwicklung von Intra- und Extranets sind deshalb häufig auch zwei verschiedene SSO-Produkte nötig. Eine der SSO-Lösungen vereinfacht den Zugriff auf Applikationen und Datenbanken, wobei die andere den Zugriff auf Webapplikationen und Webseiten optimiert.

Die nachfolgenden Funktionalitäten beinhalten also Elemente, die für desktopbasierte SSO-Systeme wichtig sind, als auch Elemente, die für webbasierte Systeme von großer Bedeutung sind, da sowohl desktop- als auch webbasierte Systeme bei der Klassifizierung berücksichtigt werden müssen. So wird eine Single Sign-On-Software, die hauptsächlich für den Einsatz in einem organisationsinternen Netzwerk verwendet werden soll, eine andere Kombination der unten aufgeführten Funktionalitäten aufweisen, als eine SSO-Software, die primär den Zugriff auf Webapplikationen vereinfachen soll.

Die Funktionalitäten von Single Sign-On-Software lassen sich in drei Klassen aufteilen:

- Administrative Funktionalitäten
- Technische Funktionalitäten
- Benutzerbezogene Funktionalitäten

2.1 Administrative Funktionalitäten

2.1.1 Password-Policy

Passwörter sind die grundlegenden und am häufigsten verwendeten Identifikationsmerkmale während des Authentifikationsprozesses. Damit die Sicherheit beim Einsatz von Passwörtern gewährleistet ist, sollten die Benutzer schwer zu entschlüsselnde und zu erratende Passwörter verwenden und diese auch in regelmäßigen Abständen verändern.[44] Die Wahrung dieser Bedingungen (Password-Policy) wird innerhalb eines komplexen heterogenen Netzwerkes von jeder Applikation nach deren eigenen Vorgaben durchgeführt, die von Applikation zu Applikation stark variieren können. Genauso wie die einzelnen Applikationen muss die Single Sign-On-Software als zentrales Authentifikationselement in der Lage sein, Passwörter, die einer definierten Sicherheitsanforderung entsprechen, zu erzwingen und deren Verfallsdaten zu regeln.

43 Vgl. Hunt, Steve: Single Sign On 2000: The State of the Market, online: Giga Information Group, Idea Byte, 30.08.2000, p.1.

44 Vgl. Hunt, Steve: Good Password Policies, online: Giga Information Group, Idea Byte, 04.10.1999, p.1.

Da aber nach der Anmeldung des Benutzers an der SSO-Software die einzelnen Applikationen bei einem Zugriff weiterhin Benutzerdaten benötigen, die von der SSO-Software an die jeweilige Applikation weitergegeben werden, besteht hier ein hoher Administrationsaufwand.
An dieser Stelle kann eine SSO-Lösung als erweitertes Konzept ansetzen und eine Zentralisierung der Password-Policy vornehmen, indem die individuellen Password Policies der einzelnen Applikationen deaktiviert werden, und diese Funktion vollständig von der SSO-Software übernommen wird. Dieses hat gegenüber einer dezentralen Lösung den Vorteil, dass sich der Administrationsaufwand verringert und die Sicherheit erhöht wird, da nun der Benutzer nicht mehr selbst sein Passwort wählen kann, sondern dieses von der SSO-Software übernommen wird, die nun deutlich komplexere Passwörter wählen kann.
Außerdem können von der SSO-Software die Verfalldaten der Passwörter der einzelnen Applikationen deutlich reduziert werden.

2.1.2 Rollenkonzept

Nach der Authentifizierung stellt die SSO-Software dem Benutzer eine auf ihn zugeschnittene Anzahl von Applikationen zur Verfügung. Üblicherweise werden die Benutzer verschiedenen Gruppen zugeordnet, um so den Administrationsaufwand so gering wie möglich zu halten[45]. Innerhalb einer Gruppe haben alle Benutzer die gleichen Rechte und können somit auf die gleichen Applikationen zugreifen. Bei dieser Art des Rollenkonzeptes müssen die Gruppen sorgfältig gewählt werden, um eine möglichst gute Anpassung der Nutzerbedürfnisse an die jeweiligen Rollen zu erreichen. Es ist allerdings auch denkbar, dass die definierten Rollen durch Erweiterungen der Privilegien an die Bedürfnisse einzelner angepasst werden (Instanziierung).[46] Allerdings besteht bei einer Instanziierung die Gefahr, dass immer mehr Benutzer individuell an sie angepasste Rollen erhalten und somit genau das Gegenteil des Ziels der Minimalisierung der Rollen erreicht wird.[47] Außerdem sollte berücksichtigt werden,

---

45 Vgl. Merriman, Dan: Roles in E-Commerce Authentication/Authorization: Great Source of Efficiency When Carefully Managed, online: Giga Information Group, Idea Byte, 20.10.1999, p.1.

46 Vgl. Hieb, B.: Requirements for Role-Based Security Models, online: Gartner Group Inc., 05.05.1999, p.1.

47 Vgl. Flynn, H.: Real-Life Use of Roles for Access Control, online: Gartner Group Inc., 29.06.1998, p.1.

dass einzelne Benutzer gemäß ihrer Funktion innerhalb der Organisation mehreren Rollen zugeordnet werden können.[48]

2.1.3 Hierarchische Administration

Die Administration der Single Sign-On-Software kann zentral durch eine Person oder eine Organisationseinheit erfolgen. Dieses Administrationskonzept ist aber nur für eine kleine Anzahl von Nutzern effizient. Sobald die Nutzeranzahl steigt und die Organisationsstruktur komplexer wird, ist eine hierarchische Administration sinnvoll. So kann die Administration an die hierarchische Struktur einer Organisation angepasst werden, indem die Aufgaben nicht mehr nur von einem zentralen Administrator, sondern von Subadministratoren in den einzelnen Organisationseinheiten übernommen werden.[49] Die Aufgaben eines Subadministrators können in den einzelnen Organisationseinheiten auch von Mitarbeitern als zusätzliche Aufgaben neben ihrer Kernkompetenz übernommen werden. Diese Aufteilung hat den Vorteil, dass die Subadministratoren aufgrund ihrer Kenntnis der eigenen Organisationseinheit besser die lokalen Nutzerdaten und Rechte vergeben können als ein zentraler Administrator. Allerdings müssen auch die Rechte für die Administratoren hierarchisch gestaffelt sein. Ein Administrator wird über mehr Rechte verfügen als ein Subadministrator, dessen Aufgabe die Vergabe und Verwaltung der lokalen Nutzerdaten sein wird.

2.1.4 Administrator darf Nutzerdaten nicht manipulieren

Da ein Administrator aufgrund seiner Aufgabe auf alle Ressourcen zugreifen kann, muss sichergestellt werden, dass sich der Administrator nicht mit den Zugangsdaten eines Benutzers anmelden kann, um so seine Identität zu verschleiern.[50]
Verändert ein Administrator die Benutzerdaten einer Person, werden alle in der SSO-Software gespeicherten Nutzerdaten dieser gesperrt. In diesem Zustand kann der Benutzer keine seiner Zugangsdaten verwenden. Diese können nur entsperrt werden, wenn das letzte vom Benutzer festgelegte Passwort eingegeben wird. Da der Administrator das letzte vom Benutzer festgelegte Passwort nicht kennen sollte, sind die

48 Vgl. Hieb, B.: Requirements for Role-Based Security Models, online: Gartner Group Inc., 05.05.1999, p.1.

49 Vgl. Hunt, Steve: Single Sign On 2000: The State of the Market, online: Giga Information Group, Idea Byte, 30.08.2000, p.1.

50 Vgl. o.V.: Novell Single Sign-On, Version 2.0: Installations- und Verwalter-Handbuch, S. 49.

Zugangsdaten sicher. Damit dieses System funktioniert, muss der Benutzer nach Erstellung seines Kontos sein Passwort verändert haben, da dieses ansonsten dem Administrator bekannt ist.
Dieses Sicherheitskonzept kann allerdings nur funktionieren, wenn bei Passwortänderungen zwischen Benutzern und Administratoren unterschieden werden kann. Außerdem muss hier beachtet werden, dass Benutzer mit administrativen Rechten (z.B. Subadministratoren) unter Verwendung ihres Administrator-Zuganges keine Änderung ihres Benutzerpasswortes durchführen, da ansonsten ihre Zugangsdaten gesperrt werden.

2.1.5 Einheitliche Oberfläche

Werden in heterogenen Netzwerken Zugänge für neue Nutzer angelegt oder Nutzerdaten von bestehenden Benutzern gelöscht, müssen den Administratoren alle Funktionen der sehr unterschiedlichen Applikationen bekannt sein, um diese Aufgaben auszuführen. Stellt die SSO-Software eine einheitliche Oberfläche zur Verwaltung von Benutzerdaten zur Verfügung, wird diese Aufgabe deutlich einfacher und kann an weniger geschultes Personal wie z.B. Subadministratoren abgegeben werden.

2.1.6 Support

Die Administratoren sollten Zugriff auf eine „Wissensbasis" des jeweiligen Softwareanbieters haben, um so anfallende Probleme mit der SSO-Software einfach und schnell lösen zu können. Diese „Wissensbasis" kann u.a. auch durch Diskussionsforen erweitert werden, um den Austausch mit Administratoren anderer Organisationen zu ermöglichen. Falls solch eine Sammlung von Hilfetexten und bekannten Problemen nicht zur Lösung des Problems führt, kann eine rund um die Uhr besetzte Hotline mit Technikern der Softwarefirma Abhilfe schaffen.
Grundsätzlich sollte aber zu dem entsprechenden Produkt ein Training der Administratoren und der User von der Softwarefirma angeboten werden, das aber auch von Drittanbietern durchgeführt werden kann.

2.2 Technische Funktionalitäten

2.2.1 Unterstützte Produkte

Die Anzahl der unterstützten Produkte ist oftmals ein entscheidendes Kriterium bei der Wahl des jeweiligen SSO-Produktes, allerdings können auch nicht standardmäßig unterstützte Produkte wie z.B. Individualsoftware nachträglich mit der SSO-Software kooperieren, wenn die SSO-Software Schnittstellen nach außen bietet. Es gibt hier vier verschiedene Möglichkeiten der Integration einer nicht standardmäßig implementierten Software:

1. Launcher-Applikation

   Ein Launcher ist ein auf dem jeweiligen Rechner installierter Klient des SSO-Produktes, der auf das Erscheinen eines Anmeldefensters der jeweiligen Applikation wartet, dieses aufgrund von bekannten Standards erkennt und dann die Nutzerdaten einsetzt. Anschließend wird die Eingabe der Daten bestätigt.

   Das Anmeldefenster wird (kurz) auf dem Monitor erscheinen und nach dem Einsetzen der Nutzerdaten durch die Launcher-Applikation wieder wie bei einer manuellen Eingabe verschwinden.

2. Skriptsprachen

   Die Nutzerdaten werden durch die Verwendung eines Skriptes an das Anmeldefenster übertragen und anschließend wird die Eingabe bestätigt.

   Im Gegensatz zu der Launcher-Applikation erkennt hier nicht ein Klient auf dem Rechner ein standardisiertes Anmeldefenster, sondern das Applikationssymbol auf dem Schreibtisch eines Rechners wird durch ein Skript ersetzt. Der Benutzer ruft bei der Ausführung dieses Applikationssymbols das Skript auf, das die Nutzerdaten von der SSO-Applikation erfragt, die jeweilige Applikation startet und die Nutzerdaten dann in das Anmeldefenster der nachfolgend gestarteten Applikation einsetzt und bestätigt.[51]

3. API (Application Progamming Interface)

   Bietet eine Applikation ein API, so kann die Funktionalität dieser Applikation erweitert werden. Wird eine Applikation mittels eines API in ihrem Funktionsumfang erweitert, erfragt sie nach dem Start durch den Benutzer automatisch die notwendigen Nutzerdaten von der SSO-Applikation.[52] Der Benutzer wird im Gegensatz zu den vorherigen bei-

[51] Vgl. Allen, Ant: Single Sign-On (SSO) and Authentication Management: Perspective, online: Gartner Group Inc., 09.07.2001, p.5.

[52] Vgl. ebenda.

den Lösungsansätzen kein Anmeldefenster dieser Applikation mehr sehen, da dieses durch die tiefe Integration mittels API umgangen wird.

4. Cookies
   Die ersten drei Ansätze werden hauptsächlich bei desktopbasierten SSO-Systemen eingesetzt, die eine Integration von klassischen Applikationen unterstützen.
   Cookies oder eine Secure-Session-ID werden bei webbasierten SSO-Systemen eingesetzt. Nachdem sich der Benutzer an dem webbasierten SSO-System angemeldet hat, überträgt dieses die Benutzerdaten an das Cookie des Webbrowsers und ermöglicht den nachfolgenden Webapplikationen und Webseiten die Benutzerdaten aus dem Cookie abzufragen.[53]

Häufig ist es in der Praxis so, dass die vom Hersteller unterstützten Programme mittels eines API angesprochen werden und nicht unterstütze Produkte mittels eines Skriptes in die SSO-Software eingebunden werden, da der Programmieraufwand für ein Skript deutlich geringer ist als der für die Nutzung eines APIs.

2.2.2 Unterstützung von Verzeichnisdiensten (Directory Services)

Die Integration von bereits in den Firmennetzwerken vorhandenen Verzeichnisdiensten ist für ein SSO-Produkt eine sehr wichtige Funktionalität, da viele Organisationen bereits bestehende Nutzerdaten und zugehörige Rechte in Verzeichnisdiensten speichern.[54] Eine Unterstützung des offenen Protokolles LDAP (Lightweight Directory Access Protocol) zum Zugriff auf Verzeichnisdienste ist für eine SSO-Software von weiterem Vorteil, da so der Zugriff auf nahezu jeden Verzeichnisdienst möglich ist.[55]

Es besteht hier keine Redundanz zu 2.2.1 (Unterstützte Produkte), da die Verzeichnisdienste keine Applikationen sind, bei denen eine Vereinheitlichung des Anmeldeprozesses erreicht werden soll.

---

53 Vgl. o.V.: Netegrity White Paper: How to Secure Access for e-Business Web Sites, online: http://www.netegrity.com/, [Stand: 15.09.2001], p.11.

54 Vgl. Derfler, Frank J./ Gunnerson Gary: Directory Services, online: ZDNet: http://www.zdnet.com/products/stories/reviews/0,4161,2433805,00.html, [Stand: 12.09.2001].

55 Vgl. Kuppinger, Martin: Lightweight Directory Access Protocol (LDAP), online: ZDNet Deutschland: http://www.zdplanet.de/technik/artikel/nw/199912/ldap_00-wc.html, [Stand: 14.09.2001].

2.2.3 Verschlüsselung

Die Verschlüsselung kann bei einer SSO-Software in zwei verschiedenen Bereichen angewendet werden. Sobald sich ein Nutzer an der SSO-Software anmeldet, werden die Nutzerdaten über das Netzwerk übertragen und ebenfalls die Zugangsdaten für alle weiteren Applikationen, die der Benutzer nach seiner Anmeldung bereitgestellt bekommt. Geschieht diese Übertragung unverschlüsselt über das Netzwerk, besteht eine hohe Gefahr, dass diese Übertragung abgehört wird und die Nutzerdaten missbraucht werden (Password Sniffing).[56] Ist die Gefahr des Abhörens in einem lokalen organisationsinternen Netzwerk noch relativ gering, wird sie bei einer Übertragung über das Internet um einiges größer.[57] Die verschlüsselte Übertragung von Nutzerdaten ist bei einem Einsatz von SSO-Software besonders wichtig, da der Benutzer mit einem Passwort, mit dem er sich an der SSO-Software anmeldet, Zugriff auf mehrere Applikationen hat.[58]

Aber nicht nur die ungesicherte Übertragung der Nutzerdaten stellt ein Gefahrenpotential dar; auch die Speicherung der Nutzerdaten kann durch eine Verschlüsselung abgesichert werden.

2.2.4 Erweiterung der SSO-Software auf eine Public-Key-Infrastructure

Unter einer Public-Key-Infrastructure versteht man eine Infrastruktur zum Management von asymmetrischen Schlüsseln, die die Integrität und Vertrauenswürdigkeit der angebundenen Systeme und Benutzer gewährleisten soll.[59] Digitale Zertifikate als Bestandteil einer PKI erlauben es den Benutzern, sich gegenüber anderen Personen oder Systemen auszuweisen.[60] Damit die Integrität dieser Zertifikate gewährleistet ist, werden diese von sog. Zertifizierungsstellen (Certification Authorities) ausgegeben

---

56 Vgl. Oppliger, Rolf: Computersicherheit: eine Einführung, 1. Auflage, Braunschweig; Wiesbaden 1992, S.122.

57 Vgl. Fuhrberg, Kai: Sicherheit im Internet, online: Bundesamt für Sicherheit in der Informationstechnik: http://www.bsi.de/literat/doc/fuhrberg.htm, [Stand: 12.09.2001].

58 Vgl. Allen, Ant: Single Sign-On (SSO) and Authentication Management: Perspective, online: Gartner Group Inc., 09.07.2001, p.1.

59 Vgl. Kersten, Heinrich/ Wolfenstetter, Klaus-Dieter: Handbuch der Informations- und Kommunikationssicherheit, 1. Auflage, Köln 2000, S.79.

60 Vgl. o.V.: Digital Certificate, online: Webopedia: http://www.webopedia.com/TERM/d/digital_certificate.html, [Stand: 12.09.2001].

und beglaubigt.[61] Der Einsatz von Zertifikaten unterstützt und sichert die Anmeldeverfahren.[62] Werden Zertifikate auf Smartcards gespeichert und diese besitzgebundene Authentifikation noch mit einer wissensgebundenen Authentifikation mittels Passwort kombiniert, ergibt sich eine sichere Authentifikation gemäß des 4A-Frameworks.[63]

2.2.5 Biometrische Verfahren

Passwörter stellen ein probates Mittel der Sicherung von IT-Ressourcen dar, solange keine besonderen Sicherheitsanforderungen benötigt werden. Eine Methode mit größerer Sicherheit zur Absicherung stellen biometrische Verfahren dar.[64] Ebenso wie die Kombination von Passwörtern mit Smartcards und Zertifikaten erlauben biometrische Verfahren eine Mehrfachabsicherung des Authentifizierungsprozesses durch Kombination mit anderen Verfahren wie z.B. Passwörtern und Smartcards.
Insbesondere die wirkungsvolle und sichere Authentifizierung mittels biometrischer Verfahren (und Kombinationen mit anderen Verfahren) kann die auftretende Schwachstelle des „einen Passwortes“ bei einer Single Sign-On Lösung deutlich mildern, da weder die Gefahr des Vergessens oder des Stehlens von wissens- oder besitzbasierten Systemen besteht.[65] Zwar können auch biometrische Verfahren umgangen werden, allerdings ist dieses um einiges schwieriger als bei wissens- oder besitzbasierten Verfahren.

---

[61] Vgl. Eckert, Claudia: IT Sicherheit: Konzepte-Verfahren-Protokolle, 1. Auflage, Oldenburg 2001, S. 267.

[62] Vgl. Hunt, Steve: PKI´s Do Not Replace Single Sign-On Solutions, online: Giga Information Group, Idea Byte, 14.01.2000, p.1.

[63] Vgl. Lombardo, D./ Pescatore, J.: Selecting Network Authentication for Online Business, online: Gartner Group Inc., 23.06.2000, p.1.

[64] Vgl. Bartels, Andrew: Online Authentication Option: Biometrics, online: Giga Information Group, Idea Byte, 19.02.1999, p.1.

[65] Vgl. Hong, Lin/ Kain, Anil K./ Pankanti, Sharath: Biometrics – Promising frontiers for emerging identification market, online: The Biometric Consortium: http://www.cse.msu.edu/publications/tech/TR/MSU-CSE-00-2.ps.gz, [Stand: 14.09.2001].

2.2.6 Skalierbarkeit

Die SSO-Produkte müssen skalierbar sein, um auch bei einer großen Anzahl von Benutzern die volle Funktionalität zu gewährleisten.[66] Innerhalb von firmeninternen Netzwerken sind keine sprunghaften Anstiege der Nutzerzahlen zu erwarten. Bei webbasierten SSO-Systemen kann aber durch neue Extranet-Verbindungen oder auch durch den direkten Zugriff von der Masse der anonymen Nutzer über das Internet die schnelle Skalierbarkeit des SSO-Systems erforderlich sein.

2.2.7 Externer Zugriff

Single Sign-On-Software ist primär darauf ausgerichtet, einer relativ konstanten Anzahl von Benutzern über ein organisationsinternes Netzwerk wie ein Intranet oder auch ein Extranet einfachen Zugriff auf die für sie notwendigen Applikationen zu gewähren.

Da aber auch von außen auf die internen Netzwerke zugegriffen werden muss und dabei der volle Funktionsumfang der organisationsinternen Single Sign-On Lösungen vorhanden sein soll, muss die SSO-Software solche Schnittstellen nach außen bereitstellen. Der Zugriff von außen kann z.B. von einem Laptop über ein privat angemietetes Netzwerk (Virtual Private Network) oder über öffentlich zugängliche Netzwerke wie z.B. das Internet durchgeführt werden. Insbesondere bei der Benutzung des Internets muss auf eine sichere Übertragung mittels Verschlüsselung geachtet werden. In Zukunft werden auch andere mobile Endgeräte als Kommunikationsmedium verwendet werden. Bei einem Zugriff von außen mit UMTS Mobiltelefonen und PDAs muss aber darauf geachtet werden, dass im Gegensatz zu einer Verwendung von Arbeitsplatzrechnern und Laptops entweder eine Klientensoftware für diese Endgeräte vorhanden ist oder gar kein Klient erforderlich ist. Da in der Praxis Klientenlösungen für diese mobilen Endgeräte fraglich sind, ist eine Lösung ohne proprietäre Klientensoftware sinnvoll. So können z.B. die Nutzerdaten für alle Applikationen nach Anmeldung des Benutzers mit seinem PDA in einem verschlüsselten Cookie gespeichert werden.

---

[66] Vgl. Hunt, Steve: Single Sign On 2000: The State of the Market, online: Giga Information Group, Idea Byte, 30.08.2000, p.5.

2.2.8 Protokolldatei

Die SSO-Software sollte Protokolldateien erstellen, um eine Kontrolle der Aktivitäten der Benutzer zu gewährleisten. Dieses Konzept kann auch auf einen Schutz gegen unerlaubte Zugriffe erweitert werden, indem die Software z.B. bei mehrfacher Fehleingabe von Nutzerdaten diesen Nutzer sperrt und einen zuständigen Administrator benachrichtigt. Die gesammelten Daten sollten außerdem in einem Standardformat wie z.B. XML, HTML, Text mit Tabulator oder als Excel Dokument ausgegeben werden, um eine statistische Weiterverarbeitung mit anderen Programmen zu ermöglichen.

2.2.9 Directory Mapping

Authentifizierung und Autorisierung können über einen Verzeichnisdienst durchgeführt werden. Sobald aber die Nutzerdaten und die zugehörigen Zugriffsrechte in zwei verschiedenen Verzeichnisdiensten gespeichert werden, muss die SSO-Software während der Anmeldung eines Benutzers beide Verzeichnisdienste ansprechen können. Diese Möglichkeit des Zugriffs auf zwei verschiedene Verzeichnisdienste zur Authentifizierung und Autorisierung (Directory Mapping) ist besonders für Organisationen wichtig, die in ihrer gewachsenen Struktur Nutzerdaten und Zugriffsrechte in zwei verschiedenen Verzeichnisdiensten speichern.[67]

2.2.10 Erweiterte Nutzerdaten

Die Primäraufgabe einer SSO-Software besteht in der Übermittlung der Nutzerdaten an jede Applikation, auf die zugegriffen wird. Allerdings kann eine Erweiterung der zu übermittelnden Daten auf Telefonnummer, Position in der Organisation, Email-Adresse o.ä. sinnvoll sein.

2.2.11 Replizierung

Sobald eine SSO-Lösung alle Nutzerdaten auf einem zentralen Server speichert, können bei einem Ausfall die eingebundenen Benutzer nicht mehr auf die durch die SSO-

[67] Vgl. o.V.: Netegrity White Paper: How to Securely Manage E-Marketplaces, online: Netegrity Inc.: http://www.netegrity.com/, [Stand: 12.09.2001], p. 14.

Software unterstützten Applikationen zugreifen. Durch eine Replizierung des zentralen SSO-Servers können langfristige Ausfälle vermieden werden.[68]
Eine Replizierung des zentralen Servers bringt aber noch weitere Vorteile mit sich. Bei Volllast können Anfragen an den zentralen Server zur Aufrechterhaltung des Dienstes an den replizierten Server abgegeben werden.
Bei planmäßigen Wartungen des zentralen SSO-Server kann der replizierte Server kurzfristig dessen Aufgabe übernehmen.
Damit die Vorteile der Replizierung aber auch genutzt werden können, müssen alle Überlastungen und Ausfälle anhand einer lückenlosen Ressourcenüberwachung registriert werden (2.2.13).

2.2.12 Zentrale Speicherung

Nahezu alle derzeit am Markt verfügbaren SSO-Lösungen speichern die Nutzerdaten zentral und profitieren dementsprechend von den Vorteilen zentraler gegenüber dezentraler Datenhaltung wie z.B. kostengünstige Administration, keine Redundanz- und daraus resultierende Inkonsistenzprobleme o.ä..[69] Allerdings hat eine zentrale Lösung auch den Nachteil, dass bei Ausfall des zentralen Servers kein Benutzer mehr auf die für ihn notwendigen Applikationen zugreifen kann, da diese Passwörter ja nur der SSO-Software bekannt sind. Aus diesem Grund könnten die Nutzerdaten prinzipiell auch dezentral auf den einzelnen Rechnern gehalten werden. Dies bedeutet aber einen immensen Administrationsaufwand, ein großes Sicherheitsrisiko und Gefahr der Datenredundanz. Unerlaubte Zugriffe auf die einzelnen Rechner, mit dem Ziel Passwörter zu stehlen, würden weniger schnell bemerkt werden, da verteilte Rechner in einer Organisation schlechter zu sichern sind als zentrale Server.
Die Frage nach der optimalen Form der Datenhaltung lässt sich ökonomisch mit dem File Allocation Problem (FAP) beantworten.[70] In der Theorie des FAP wird davon ausgegangen, dass in einem Netzwerk mit Knoten und Kanten jede Speicherung einer

---

[68] Vgl. Allen, Ant: Single Sign-On (SSO) and Authentication Management: Perspective, online: Gartner Group Inc., 09.07.2001, p.17.

[69] Vgl. Gabriel, Roland: Dezentrale vs. Zentrale Datenhaltung, online: Ruhr-Universität Bochum, Lehrstuhl für Wirtschaftsinformatik: http://www.winf.ruhr-uni-bochum.de/download/wi1-kap4.pdf, [Stand: 12.09.2001].

[70] Vgl. König, Wolfgang/ Wendt, Oliver: Effiziente Informationslogistik, in: Wettbewerbsfähigkeit durch Vernetzung am Beispiel der Region Rhein-Main, Antrag auf Finanzierung des Sonderforschungsbereiches 1560, S. 183.

Information auf einem Knoten Speicherkosten erzeugt.[71] Jedes Abrufen und Aktualisieren einer Information über die Kanten erzeugt Kommunikationskosten. Die Informationen können auf einer unterschiedlichen Anzahl von Knoten gespeichert werden. Ruft ein Knoten eine Information von einem anderen Knoten ab, entstehen dem abrufenden Knoten Kommunikationskosten.[72] Einem Knoten, der selbst keine Information speichert, aber eine Information auf einem anderen Knoten aktualisieren möchte, entstehen durch diese Nutzung der verbindenden Kanten Aktualisierungskosten.

2.2.13 Ressourcen-Überwachung

Die SSO-Software kann einen Bestandteil zur Überwachung der Ressourcen bereitstellen, um Überlastungen und damit verbundenen Ausfällen vorzubeugen.[73] So kann bei Hochlast ein Replikationsserver (siehe 2.2.11) zugeschaltet werden, damit das erhöhte Anfragevolumen abgefangen werden kann. Außerdem kann eine derartige Überwachung vor zu geringer Festplattenkapazität, ausgefallenen Komponenten der SSO-Software oder ähnlichen Problemen warnen.[74]

2.2.14 Einmal-Passwörter

Einmal-Passwörter widersprechen prinzipiell dem SSO-Konzept, allerdings können sie trotzdem eine wünschenswerte Funktionalität darstellen, um sensible Applikationen oder bestimmte Bereiche des Intranets besonders zu schützen.

Insbesondere vor dem Hintergrund der Problematik, dass bei einem Diebstahl Unbefugte mit einem Passwort auf mehrere Ressourcen zugreifen können, stellen Einmal-Passwörter eine geeignete Schutzmaßnahme dar.

---

[71] Vgl. König, Wolfgang/ Wendt, Oliver: Effiziente Informationslogistik, in: Wettbewerbsfähigkeit durch Vernetzung am Beispiel der Region Rhein-Main, Antrag auf Finanzierung des Sonderforschungsbereiches 1560, S. 191.

[72] Vgl. ebenda.

[73] Vgl. o.V.: IBM Global Sign-On for Multiplatforms, Version 2.0 – Installation and Server Management Guide, p.57.

[74] Vgl. o.V.: IBM Global Sign-On for Multiplatforms, Version 2.0 – Installation and Server Management Guide, p.62.

2.3 Benutzerbezogene Funktionalitäten

2.3.1 Selbstregistrierung

Nach der Installation einer SSO-Software oder nach der Integration einer neuen Applikation in ein bestehendes Netzwerk müssen alle Nutzerdaten in die SSO-Applikation integriert werden, falls die SSO-Software nicht auf bestehende Nutzerdaten zugreifen kann. Um bei der Aufnahme der Nutzerdaten den Aufwand für Administratoren und den Helpdesk möglichst gering zu halten, können sich die Benutzer selbst bei der SSO-Software registrieren, da ihnen ihre Nutzerdaten durch den vorherigen Zugriff auf die entsprechenden Applikationen bekannt sind.

2.3.2 Passwortgenerierung

Diese Funktionalität betrachtet die Password-Policy aus einem anderen Blickwinkel, ist aber für die Sicherheit von entscheidender Bedeutung.
Ohne Single Sign-On System sind die Nutzer gezwungen, sich viele verschiedene Applikationspasswörter zu merken und in unterschiedlichen Zeitspannen diese zu verändern. Die Benutzer werden leicht zu erratende Passwörter verwenden oder Passwörter notieren und unsicher aufbewahren. Eine SSO-Software generiert Passwörter für die einzelnen Applikationen und kann diese auch in deutlich kürzeren Abständen ändern, als es Menschen zuzumuten wäre. Durch die Aufgabenverlagerung vom Menschen zur SSO-Software wird die Sicherheit gesteigert, und die Mitarbeiter müssen keine lästigen Passwortveränderungen mehr durchführen.

2.3.3 Getrennter Modus

Auch bei einer zentralen Speicherung der Nutzerdaten sollte die SSO-Software in der Lage sein, die jeweiligen Nutzerdaten bei Beginn der Sitzung auf den Arbeitsplatzrechner zu überspielen. Dieses hat insbesondere für Laptop-Benutzer den Vorteil, dass nach der Trennung vom Firmennetzwerk immer noch die lokal gespeicherten Nutzerdaten verwendet werden können.[75] Somit ist auch ein Single Sign-On bei einem Fernzugriff auf das Firmennetz möglich. Allerdings ergeben sich hier natürlich wieder die in 2.2.12 definierten Nachteile einer dezentralen Datenhaltung. Diese können durch eine besonders starke Verschlüsselung der Daten gemildert werden. Zur Vermeidung von Redundanz müssen die lokal gespeicherten Passwörter regelmäßig

---

[75] Vgl. o.V.: Novell Single Sign-On, Version 2.0: Installations- und Verwalter-Handbuch, S. 35.

mit dem zentralen Server abgeglichen werden und nach Abschluss der getrennten Sitzung auch wieder rückstandslos von der Festplatte des Rechners entfernt werden.

2.3.4 Anmeldehinweis

Je nach verwendeter Integrationstechnik der Applikationen in eine SSO-Lösung erscheinen die Anmeldefenster nur noch kurz oder gar nicht mehr. Da aber der Nutzer möglicherweise über den Start einer Applikation, den automatischen Anmeldevorgang oder den Einsatz einer SSO-Lösung informiert werden möchte, sollte eine SSO-Software einen Hinweis ermöglichen.[76] Dieser kann entweder bei jeder Applikation dargestellt werden oder vollständig deaktiviert werden.

2.3.5 Applikationsauswahl

Der Benutzer sollte selbst wählen können, für welche Applikationen die SSO-Software ihm den Anmeldeprozess abnimmt. Die Sicherheit kann erhöht werden, da der Benutzer sensible Applikationen und Netzwerkbereiche nur mit einem eigenen Passwort benutzen kann. Eine Kombination mit Einmal-Passwörtern ist hier besonders sinnvoll. Außerdem kann der Benutzer bei einem Ausfall der zentralen SSO-Software immer noch auf die Applikationen zugreifen, die er von der SSO-Funktionalität ausgenommen hat.

Diese Funktionalität muss aber sehr vorsichtig angewendet werden, da durch sie die Zahl der Passwörter steigt und die bereits beschriebenen Nachteile auftreten.

2.4 Einordnung von SSO-Software im 4A-Framework

Gemäß des 4A-Frameworks lässt sich jede Sicherheits-Software anhand ihrer Funktionalitäten einordnen. Die Hauptaufgabe einer SSO-Software liegt in der einmaligen Identifizierung eines Benutzers anhand eines eindeutigen Merkmales mit anschließendem Zugriff auf alle Ressourcen. Es wird schnell deutlich, dass gemäß dieser Definition SSO-Software nur dem Element Authentication (Authentifikation) des 4A-Framework zugeordnet werden kann.[77] Die weiteren drei Elemente des Frameworks werden von anderen Softwareprodukten mit Schwerpunkt auf den jeweiligen Bereich

---

[76] Vgl. o.V.: Novell Single Sign-On, Novell Developer Kit, p. 26.

[77] Vgl. Hunt, Steve: Recommendations for Secure E-Business, online: Giga Information Group, Idea Byte, 22.06.2000, p.2.

übernommen.[78] Allerdings wird eine Begrenzung nur auf das Element Authentication (Authentifikation) nicht den verschiedenartigsten Produkten gerecht, insbesondere unter Beachtung der schnellen Veränderung innerhalb dieses Marktes. Einzelne Produkte können Funktionalitäten aufweisen, die zu den weiteren drei Elementen des Frameworks zuzurechnen sind. Wird die Funktionalität von SSO-Software in Zukunft stark verändert, kann sich der Schwerpunkt von SSO-Software innerhalb des Frameworks auch auf die anderen Elemente erweitern.

Es sollen nun auch Funktionalitäten aufgezeigt werden, die anderen Elementen des Frameworks zugeordnet werden können.

Die meisten Applikationen verlangen als Authentifizierungsmechanismus nur eine Passwortsicherung, die auch von allen SSO-Produkten zur Verfügung gestellt wird. Weitergehende Verfahren werden vermutlich Passwörter in Bereichen mit geringeren Sicherheitsanforderungen (z.B. B2C) in den nächsten Jahren nicht verdrängen[79]; sie können aber eine starke Authentifikation ermöglichen, indem sie Passwörter ersetzen oder zu einer Mehrfachauthentifikation erweitern. Durch die zunehmende Abwicklung von Geschäften über Informations- und Kommunikationstechnologien steigen auch die Sicherheitsanforderungen, die u.a. durch eine stärkere Authentifikation erfüllt werden können.[80] Die Unterstützung von weitergehenden Verfahren wie z.B. Smartcards, PIN-Token, biometrische Verfahren oder auch digitale Zertifikate im Rahmen einer PKI-Lösung zeichnet eine SSO-Software als besonders stark in dem Bereich der Authentifikation aus.

Die Autorisierung zählt nicht zu den Kernkompetenzen einer SSO-Software, allerdings gibt es Produkte, die Autorisierungsfunktionalitäten aufweisen.[81] Durch ein Rollenkonzept oder ein ähnliches anderes Verfahren können die Zugriffsrechte durch die SSO-Software klar geregelt werden. Ein Rollenkonzept kann als ein Basiskonzept für die Autorisierung betrachtet werden. Allerdings lässt sich dieses Basiskonzept

---

78 Vgl. ebenda.

79 Vgl. Bartels, Andrew: Online Authentication Options: User ID´s With Passwords, online: Giga Information Group, Idea Byte, 19.02.1999, p.1;
Lombardo, D./ Pescatore, J.: Selecting Network Authentication for Online Business, online: Gartner Group Inc., 23.06.2000, p.2.

80 Vgl. Christiansen, Christian A./ Daly, John/ Day, Roseann: eSecurity – The Essential eBusiness Enabler, online: International Data Corporation: http://www.computel.com.lb/Downloads/eSecurity.pdf, [Stand: 16.09.2001].

81 Vgl. Hunt, Steve: Recommendations for Secure E-Business, online: Giga Information Group, Idea Byte, 22.06.2000, p.1.

einer Autorisierung noch durch eine hierarchische Administration erweitern. Die Entscheidungen über die Zugriffsrechte der einzelnen Mitarbeiter werden von einer zentralen Administration in die einzelnen Organisationseinheiten verlegt und somit eine Anpassung der Autorisation an organisationsinterne Strukturen ermöglicht.

Die organisationsweite Administration wird innerhalb komplexer Netzwerke von darauf spezialisierten Applikationen übernommen.[82] Allerdings weist auch SSO-Software eine Reihe von administrativen Funktionalitäten auf, die in Kapitel 2.1 eingehend untersucht wurden. Die minimalste Anforderung an eine SSO-Lösung ist eine einfache und effiziente Password-Policy, da Passwörter die weitverbreitetsten Identifikationsmerkmale sind.[83] Aber auch weitergehende Konzepte wie eine hierarchische Administration oder eine einheitliche Benutzeroberfläche für die Techniker können den Funktionsumfang einer SSO-Software im Bereich Administration erhöhen.

Auch das letzte Element des Frameworks (Audit) kann als ein Teil in einer SSO-Lösung enthalten sein. Die Überwachung der Aktivitäten eines Systems und deren Aufzeichnung in einer Protokolldatei bilden diesen Ansatz. Eine Auswertung der gewonnenen Daten oder deren standardisierte Ausgabe zur Weiterverarbeitung in anderen Applikationen sind als weitergehende Funktionen im Rahmen des Audit zu bewerten.

---

82 Vgl. Hunt, Steve: Recommendations for Secure E-Business, online: Giga Information Group, Idea Byte, 22.06.2000, p.2.

83 Vgl. Hunt, Steve/ Rosch, Philip: Optimal Extranet Security: A Methodology, online: Giga Information Group, Planning Assumption, 15.03.2001, p.11.

3. Gewichtung der Funktionalitäten zur Berücksichtigung der individuellen Präferenz

Um den verschiedenen Anforderungen innerhalb einer Organisation mit ihrer individuellen Struktur gerecht zu werden, muss bei der Bewertung von SSO-Software aufgrund der Vielzahl der Funktionalitäten eine Gewichtung vorgenommen werden können. Je nach individueller Ausprägung einer Netzwerkstruktur sind einzelne Funktionalitäten nicht erforderlich, wogegen andere wiederum von besonderer Bedeutung für eine Organisation sind.

Es sollen hier zwei verschiedene Ansätze die Berücksichtigung von individuellen Präferenzen gewährleisten: zuerst wird ein zweistufiges formalstatistisches Verfahren dargestellt, dem als zweite Möglichkeit ein eher pragmatisch orientierter einstufiger Ansatz folgt.

3.1 Formalstatistischer zweistufiger Gewichtungsansatz

Die formalstatistische Vorgehensweise teilt sich wiederum in zwei verschiedene Stufen auf: zuerst werden Grobgewichte für die drei Klassen der Funktionalitäten ermittelt, die dann im zweiten Schritt verfeinert werden, indem innerhalb der Klassen eine Gewichtung der einzelnen Funktionalitäten vorgenommen wird. Im Anschluss werden dann die erhaltenen Gewichtungswerte der Funktionalitäten mit denen der Klassen verrechnet. Hierbei wird die Conjointanalyse zur Ermittlung der Klassenwerte herangezogen, gefolgt von dem sog. „Law of Comparative Judgement", das der Ermittlung der Gewichte innerhalb der einzelnen Klassen dient.

3.1.1 Gewichtung der Funktionalitätenklassen

Die Gewichtung erfolgt mit Hilfe der Conjointanalyse, bei der davon ausgegangen wird, dass jedes Produkt einen Gesamtnutzen hat, der sich additiv aus Teilnutzenwerten der Eigenschaften dieses Produktes zusammensetzt.[84]

Den Entscheidungsträgern werden virtuelle Produkte (sog. Stimuli) mit verschiedenen Ausprägungen der Produkteigenschaften vorgelegt, die von diesen in eine Reihenfolge gebracht werden.[85] Aus dieser Reihenfolge heraus lassen sich Teilnutzen-

---

[84] Vgl. Koch, Jörg: Marktforschung: Begriffe und Methoden, 3. Auflage, München; Wien; Oldenburg 2000, S. 274.

[85] Vgl. Scheuch, Fritz: Marketing, 5. Auflage, München 1996, S. 423.

werte für die Eigenschaften errechnen[86], aus der die Gewichtungswerte der drei Klassen der administrativen, der technischen und der benutzerbezogenen Funktionalitäten ermittelt werden können.[87]

Bei der Wahl einer SSO-Software stellt sich die Frage, in welcher Ausprägung die drei Eigenschaften der administrativen, der technischen und der benutzerbezogenen Funktionalitäten vorhanden sein sollten.

Für einen Entscheidungsträger kann beispielsweise die administrative Komponente einer SSO-Software von besonderer Bedeutung sein, wogegen die technischen und benutzerbezogenen Funktionalitäten gemäß seiner Präferenz nur durchschnittlich ausgeprägt sein müssen.

3.1.1.1 Definition der Eigenschaften und Eigenschaftsausprägungen

Die Eigenschaften werden durch die Variablen A für die administrativen, T für die technischen und B für die benutzerbezogenen Funktionalitäten dargestellt. Jede der drei Eigenschaften kann die Eigenschaftsausprägungen schwach, mittel und stark annehmen, die jeweils durch die Indices w für eine schwache-, m für eine mittlere- und s für eine starke Ausprägung gekennzeichnet sind.

3.1.1.2 Erhebungsdesign

Nachdem die Eigenschaften und ihre Eigenschaftsausprägungen definiert wurden, werden den Entscheidungsträgern verschiedene Produkte mit unterschiedlichen Eigenschaftsausprägungen vorgelegt, die sie in eine Rangfolge bringen müssen. Bei 3 Eigenschaften mit jeweils 3 Eigenschaftsausprägungen ergeben sich insgesamt $3^3=27$ verschiedene Kombinationsmöglichkeiten (Stimuli). Da aber ein vollständiges Design mit 27 Stimuli nur schwer in eine sinnvolle und konsistente Reihenfolge zu bringen ist, sollte eine Reduktion der Stimuli erfolgen (fraktioniertes Design).[88] Das frak-

---

86 Vgl. Backhaus, Klaus/ Erichson, Bernd/ Plinke, Wulff/ Weiber, Rolf: Multivariate Analysemethoden: eine anwendungsorientierte Einführung, 9. Auflage, Berlin u.a. 2000, S. 566; Dichtl, Erwin/ Hörschgen, Hans/ Nieschlag, Robert: Marketing, 17. Auflage, Berlin 1994, S. 829.

87 Vgl. Herrmann, Andreas/ Homburg, Christian: Marktforschung: Methoden, Anwendungen, Praxisbeispiele, 2. Auflage, Wiesbaden 2000, S. 499.

88 Vgl. Gierl, Heribert: Marketing, 1. Auflage, Stuttgart; Berlin; Köln 1995, S. 167.

tionierte Design sollte maximal 20 Stimuli aufweisen, da die vom Entscheidungsträger gebildete Reihenfolge ansonsten nur eine geringe Ergebnisgüte aufweisen wird.[89] Bei drei Eigenschaften mit jeweils der gleichen Anzahl von Eigenschaftsausprägungen kann die Zahl der Stimuli mit Hilfe des lateinischen Quadrates reduziert werden.[90] Wie in Tabelle 1 dargestellt, reduziert sich im vorliegenden Fall die Zahl der Stimuli von 27 auf 9, indem im neuen fraktionierten Design jede Ausprägung einer Eigenschaft nur noch genau einmal mit jeder Ausprägung einer anderen Eigenschaft vorkommt.[91]

$A_s T_s B_m$	$A_m T_s B_w$	$A_w T_s B_s$
$A_s T_m B_w$	$A_m T_m B_s$	$A_w T_m B_m$
$A_s T_w B_s$	$A_m T_w B_m$	$A_w T_w B_w$

Tabelle 1: Fraktioniertes Design

3.1.1.3 Bewertung der Stimuli

Nachdem die Anzahl der Stimuli auf eine gut zu bewertende Anzahl reduziert wurden, müssen sie durch die Entscheidungsträger in eine Reihenfolge gebracht werden. Diese vom Entscheidungsträger gewählten Ränge für die Stimuli sollen im weiteren als empirische Rangwerte bezeichnet werden. Um die Funktionsweise der Conjointanalyse für den speziellen Fall der Gewichtung der Funktionalitätenklassen im weiteren zu veranschaulichen, werden die Stimuli in Tabelle 2 in eine Reihenfolge von 1 bis 9 gebracht. Hierbei ist zu beachten, dass der Rang 9 gemäß der Präferenz eines Entscheidungsträgers für das Stimuli vergeben wird, das den höchsten Nutzen aufweist. Rang 1 wird somit für das Stimuli mit dem geringsten Nutzen vergeben.

---

[89] Vgl. Herrmann, Andreas/ Homburg, Christian: Marktforschung: Methoden, Anwendungen, Praxisbeispiele, 2. Auflage, Wiesbaden 2000, S. 485.

[90] Vgl. Gutsche, Jens: Produktpräferenzanalyse: ein modelltheoretisches und methodisches Konzept zur Marktsimulation mittels Präferenzerfassungsmodellen, Diss. Mannheim 1994/1995, S. 94.

[91] Vgl. Backhaus, Klaus/ Erichson, Bernd/ Plinke, Wulff/ Weiber, Rolf: Multivariate Analysemethoden: eine anwendungsorientierte Einführung, 9. Auflage, Berlin u.a. 2000, S. 574.

Rangwert	Stimulus
9	$A_s\, T_s\, B_m$
8	$A_s\, T_w\, B_s$
7	$A_s\, T_m\, B_w$
6	$A_m\, T_w\, B_m$
5	$A_m\, T_m\, B_s$
4	$A_m\, T_s\, B_w$
3	$A_w\, T_s\, B_s$
2	$A_w\, T_m\, B_m$
1	$A_w\, T_w\, B_w$

Tabelle 2: Rangwerte eines Entscheidungsträgers

3.1.1.4 Berechnung der Teilnutzenwerte

Nachdem die empirisch erhobene Rangreihenfolge feststeht, werden die Teilnutzenwerte β der Eigenschaftsausprägungen berechnet, dessen Grundlage das additive Modell der Conjointanalyse ist. Als Berechnungsverfahren kann eine Regressionsanalyse[92] oder auch eine Varianzanalyse verwendet werden[93]. Hier soll ausschließlich auf die monotone Varianzanalyse eingegangen werden, wobei zur Berechnung der Teilnutzenwerte die ordinal skalierten Rangwerte als metrische Werte betrachtet werden müssen.[94] Diese Vorgehensweise ist gemäß der statistischen Theorie nicht zulässig; aus Gründen der Praktikabilität wird sie aber bei der Conjointanalyse trotzdem durchgeführt.[95]

Formel 1 beschreibt den Zusammenhang zwischen Gesamtnutzen und Teilnutzenwerten.[96] Der Gesamtnutzen y eines Stimulus k setzt sich aus der Konstanten μ und

---

92 Vgl. Hüttner, Manfred: Grundzüge der Marktforschung, 6. Auflage, München; Wien; Oldenburg 1999, S. 341.

93 Vgl. Backhaus, Klaus/ Erichson, Bernd/ Plinke, Wulff/ Weiber, Rolf: Multivariate Analysemethoden: eine anwendungsorientierte Einführung, 9. Auflage, Berlin u.a. 2000, S. 580.

94 Vgl. ebenda.

95 Vgl. Backhaus, Klaus/ Erichson, Bernd/ Plinke, Wulff/ Weiber, Rolf: Multivariate Analysemethoden: eine anwendungsorientierte Einführung, 9. Auflage, Berlin u.a. 2000, S. XX.

96 Vgl. Backhaus, Klaus/ Erichson, Bernd/ Plinke, Wulff/ Weiber, Rolf: Multivariate Analysemethoden: eine anwendungsorientierte Einführung, 9. Auflage, Berlin u.a. 2000, S. 579.

dem Teilnutzenwert β_{ir} (Teilnutzenwert für Eigenschaftsausprägung r von Eigenschaft i) additiv zusammen.[97] Der Teilnutzenwert β_{ir} wird mit dem binären Faktor x_{ir} multipliziert, der den Wert 1 annimmt, wenn bei Stimulus k die Eigenschaft i in der Ausprägung r vorliegt.[98] Andernfalls nimmt x_{ir} den Wert 0 an. Die Konstante μ ist der Durchschnittsrang der vergebenen Rangwerte. Sie wird errechnet, indem die empirischen Rangwerte addiert werden und durch die Anzahl der vergebenen empirischen Rangwerte dividiert werden. Ökonomisch kann der Durchschnittsrang μ als Basisnutzen interpretiert werden.[99]

$$y_k = \mu + \sum_{i=1}^{I} \sum_{r=1}^{R_i} \beta_{ir} \quad x_{ir}$$

Formel 1: Gesamtnutzen des Stimulus k

Aufgrund der metrischen Betrachtung der Rangwerte lässt sich für das gewählte Beispiel ein Durchschnittsrang μ von $\frac{9+8+7+6+5+4+3+2+1}{9} = 5$ berechnen.

Die Ermittlung der Teilnutzenwerte β_{ir} erfolgt in zwei Schritten, die in Tabelle 3 für das verwendete Beispiel nachvollzogen werden können. Zuerst wird für jede Eigenschaftsausprägung der durchschnittliche empirische Rangwert ermittelt. Es wird für jede Eigenschaftsausprägung geprüft, welche empirischen Rangwerte durch den Entscheidungsträger für die Ausprägungen vergeben worden sind und dann aus diesen Rangwerten der Durchschnitt gebildet.[100] Die Eigenschaftsausprägung A_s hat in dem verwendeten Beispiel vom Entscheidungsträger die empirischen Rangwerte 9, 8 und 7 zugewiesen bekommen. Der durchschnittliche empirische Rangwert für die Eigenschaftsausprägung A_s ist somit $\frac{9+8+7}{3} = 8$. Wie in Tabelle 3 dargestellt, wird dieser Wert für alle anderen Eigenschaftsausprägungen errechnet.

---

97 Vgl. ebenda.

98 Vgl. Herrmann, Andreas/ Homburg, Christian: Marktforschung: Methoden, Anwendungen, Praxisbeispiele, 2. Auflage, Wiesbaden 2000, S. 179.

99 Vgl. Backhaus, Klaus/ Erichson, Bernd/ Plinke, Wulff/ Weiber, Rolf: Multivariate Analysemethoden: eine anwendungsorientierte Einführung, 9. Auflage, Berlin u.a. 2000, S. 580.

100 Vgl. Koch, Jörg: Marktforschung: Begriffe und Methoden, 3. Auflage, München; Wien; Oldenburg 2000, S. 277.

Eigenschaftsausprägung	durchschnittlicher empirischer Rangwert	Teilnutzenwert β_{ir}
A_s	$\frac{9+8+7}{3}=8$	3,0
A_m	$\frac{6+5+4}{3}=5$	0,0
A_w	$\frac{3+2+1}{3}=2$	-3,0
T_s	$\frac{9+4+3}{3}=5,\overline{3}$	$0,\overline{3}$
T_m	$\frac{7+5+2}{3}=4,\overline{6}$	$-0,\overline{3}$
T_w	$\frac{8+6+1}{3}=5$	0,0
B_s	$\frac{8+5+3}{3}=5,\overline{3}$	$0,\overline{3}$
B_m	$\frac{9+6+2}{3}=5,\overline{6}$	$0,\overline{6}$
B_w	$\frac{7+4+1}{3}=4$	-1,0

Tabelle 3: Durchschnittliche empirische Rangdaten und zugehörige Teilnutzenwerte der Eigenschaftsausprägungen der Beispieldaten

Mit einem Wert von 8 liegt der durchschnittliche empirische Rangwert der Eigenschaftsausprägung A_s deutlich über dem Durchschnittsrang μ mit einem Wert von 5. Er hat also einen größeren Teilnutzenwert als der Durchschnittsrang. In dem zweiten Schritt wird der Differenzbetrag zwischen den ermittelten durchschnittlichen empirischen Rangwerten der Eigenschaftsausprägungen und dem Durchschnittsrang μ gebildet.[101] Dieser Differenzbetrag ist der Teilnutzenwert β_{ir} der Eigenschaftsausprägungen.[102] Die Eigenschaftsausprägung A_s hat also einen Teilnutzenwert von 8-5=3. Nachdem die Teilnutzenwerte aller Eigenschaftsausprägungen errechnet wurden, können die Gesamtnutzenwerte der Stimuli gemäß Formel 1 errechnet werden.[103]

Nun können die erhaltenen Gesamtnutzenwerte mit den vom Entscheidungsträger vergebenen empirischen Rangwerten verglichen werden. Das Ziel der Schätzung der Teilnutzenwerte β_{ir} ist, dass diese möglichst den empirisch ermittelten Rangwerten entsprechen.[104] Wie in Tabelle 4 zu erkennen ist, haben die Gesamtnutzenwerte der

---

101 Vgl. Backhaus, Klaus/ Erichson, Bernd/ Plinke, Wulff/ Weiber, Rolf: Multivariate Analysemethoden: eine anwendungsorientierte Einführung, 9. Auflage, Berlin u.a. 2000, S. 581.

102 Vgl. Koch, Jörg: Marktforschung: Begriffe und Methoden, 3. Auflage, München; Wien; Oldenburg 2000, S. 278.

103 Vgl. Backhaus, Klaus/ Erichson, Bernd/ Plinke, Wulff/ Weiber, Rolf: Multivariate Analysemethoden: eine anwendungsorientierte Einführung, 9. Auflage, Berlin u.a. 2000, S. 581.

104 Vgl. Backhaus, Klaus/ Erichson, Bernd/ Plinke, Wulff/ Weiber, Rolf: Multivariate Analysemethoden: eine anwendungsorientierte Einführung, 9. Auflage, Berlin u.a. 2000, S. 580.

Stimuli ebenfalls wie die empirischen Rangwerte der Stimuli eine absteigende Reihenfolge: das Stimulus $A_s\ T_w\ B_s$ hat nicht nur einen geringeren Rangwert (8) als sein Vorgänger $A_s\ T_s\ B_m$ mit einem Rangwert von 9, sondern auch einen geringeren Nutzenwert.

Stimulus	Empirischer Rangwert	Gesamtnutzenwert
$A_s\ T_s\ B_m$	9	4
$A_s\ T_w\ B_s$	8	$3,\overline{3}$
$A_s\ T_m\ B_w$	7	$1,\overline{6}$
$A_m\ T_w\ B_m$	6	$0,\overline{6}$
$A_m\ T_m\ B_s$	5	0
$A_m\ T_s\ B_w$	4	$-0,\overline{6}$
$A_w\ T_s\ B_s$	3	$-2,\overline{3}$
$A_w\ T_m\ B_m$	2	$-2,\overline{6}$
$A_w\ T_w\ B_w$	1	-4

Tabelle 4: Vergleich der empirischen Rangwerte und der Gesamtnutzenwerte der Stimuli

Dieser Zusammenhang kann mit Hilfe von statistischen Maßen wie z.B. Kendall's Tau[105] oder auch dem Rangkorrelationskoeffizient von Spearman überprüft werden.[106] So ergibt sich bei Berechnung des Rangkorrelationskoeffizienten von Spearman ein Wert von 1, der somit stark positiv korreliert ist.[107]

3.1.1.5 Normierung der Teilnutzenwerte

Bei der bisherigen Vorgehensweise der Conjointanalyse wurden nur die Teilnutzenwerte für eine befragte Person erhoben. Da aber sehr häufig die Teilnutzenwerte mehrerer Personen oder ganzer Gruppen erhoben werden sollen, müssen die Teilnutzenwerte der einzelnen Befragten normiert werden, um eine Vergleichbarkeit der Werte

---

105 Vgl. Herrmann, Andreas/ Homburg, Christian: Marktforschung: Methoden, Anwendungen, Praxisbeispiele, 2. Auflage, Wiesbaden 2000, S. 497.

106 Vgl. Schlittgen, Rainer: Einführung in die Statistik, 7. Auflage, München; Wien; Oldenburg 1997, S. 179.

107 Vgl. Neubauer, Werner: Statistische Methoden: ausgewählte Kapitel für Wirtschaftswissenschaftler, 1. Auflage, München 1994, S. 276.

herzustellen und somit eine Aggregation der erhaltenen Werte zu ermöglichen.[108] Im ersten Schritt der Normierung sollte sichergestellt werden, dass die Teilnutzenwerte aller Befragten auf dem gleichen Nullpunkt basieren. Dies erreicht man, indem der Teilnutzenwert der Eigenschaft, der den geringsten Nutzen liefert, auf Null gesetzt wird.[109] Ebenso wird, wie in Formel 2 dargestellt, die Differenz zwischen allen weiteren Teilnutzenwerten einer Eigenschaft und dem kleinsten Teilnutzenwert $\beta_i^{\min}$ dieser Eigenschaft gebildet, wobei sich dann die jeweils auf null normierten Teilnutzenwerte β_{ir}^* ergeben.

$$\beta_{ir}^* = \beta_{ir} - \beta_i^{\min}$$

Formel 2: Auf null normierte Teilnutzenwerte

Im zweiten Schritt der Normierung wird die Skaleneinheit der einzelnen Befragten angepasst. Die Summe der maximalen Teilnutzenwerte je Eigenschaft ergibt das am meisten präferierte Stimulus für eine Person. Diese Summe stellt also den höchsten Gesamtnutzenwert auf der Skaleneinheit einer befragten Person dar. Alle anderen Stimuli erzeugen nur kleinere Gesamtnutzenwerte.[110] Da aber dieser Wert in Abhängigkeit von unterschiedlichen Präferenzen und daraus resultierenden unterschiedlichen Teilnutzenwerten variiert und verschiedenste Werte annehmen kann, soll dieser Wert auf 1 normiert werden.[111] Wie in Formel 3 zu erkennen ist, ergibt sich der normierte Teilnutzenwert $\hat{\beta}_{ir}$ aus der Division zwischen den auf null normierten Teilnutzenwerten β_{ir}^* und der Summe der größten auf null normierten Teilnutzenwerte je Eigenschaft $\sum_{i=1}^{J} \max_r \{\beta_{ir}^*\}$.

$$\hat{\beta}_{ir} = \frac{\beta_{ir}^*}{\sum_{i=1}^{J} \max_r \{\beta_{ir}^*\}}$$

Formel 3: Normierte Teilnutzenwerte

---

108 Vgl. Hüttner, Manfred: Grundzüge der Marktforschung, 6. Auflage, München; Wien; Oldenburg 1999, S. 348.

109 Vgl. Backhaus, Klaus/ Erichson, Bernd/ Plinke, Wulff/ Weiber, Rolf: Multivariate Analysemethoden: eine anwendungsorientierte Einführung, 9. Auflage, Berlin u.a. 2000, S. 588.

110 Vgl. ebenda.

111 Vgl. ebenda.

Die größten der auf null normierten Teilnutzenwerte je Eigenschaft entsprechen in dem verwendeten Beispiel den Eigenschaftsausprägungen A_s mit einem Wert von 6, T_s mit einem Wert von $0,\overline{6}$ und B_m mit einem Wert von $1,\overline{6}$. Die Summe dieser Werte beträgt $8,\overline{3}$. In Tabelle 5 werden die auf null normierten Teilnutzenwerte und die normierten Teilnutzenwerte für die Eigenschaftsausprägungen des Beispieles dargestellt.

Eigenschafts ausprägung	Teilnutzenwert β_{ir}	Auf null normierter Teilnutzenwert β_{ir}^*	Normierter Teilnutzenwert $\hat{\beta}_{ir}$
A_s	3,0	6,0	0,72
A_m	0,0	3,0	0,36
A_w	-3,0	0,0	0,00
T_s	$0,\overline{3}$	$0,\overline{6}$	0,08
T_m	$-0,\overline{3}$	0,0	0,00
T_w	0,0	$0,\overline{3}$	0,04
B_s	$0,\overline{3}$	$1,\overline{3}$	0,16
B_m	$0,\overline{6}$	$1,\overline{6}$	0,20
B_w	-1,0	0,0	0,00

Tabelle 5: Auf null normierte Teilnutzenwerte und normierte Teilnutzenwerte des Beispieles

Der auf null normierte Teilnutzenwert β_{AS}^* der Eigenschaftsausprägung A_s (6) ergibt sich durch die Subtraktion des kleinsten Teilnutzenwertes β_A^{min} der Eigenschaft A (-3) von dem Teilnutzenwert β_{AS} der Eigenschaftsausprägung A_s (3).
Im Anschluss wird der erhaltene auf null normierte Teilnutzenwert von 6 durch die Summe der größten auf null normierten Teilnutzenwerte je Eigenschaft mit einem Wert von $8,\overline{3}$ dividiert, woraus sich ein Wert von 0,72 ergibt.

3.1.1.6 Relative Wichtigkeit der Eigenschaften

Die errechneten Teilnutzenwerte geben Auskunft über die Wichtigkeit einer Eigenschaftsausprägung für einen Stimulus. Allerdings lässt sich durch sie keine Aussage über die relative Wichtigkeit einer Eigenschaft treffen.[112] Die relative Wichtigkeit einer Eigenschaft erhält man, indem die Spannweiten der Teilnutzenwerte einer Eigenschaft betrachtet werden.[113] Unter Spannweite wird hier die Differenz zwischen dem höchsten und dem niedrigsten Teilnutzenwert der verschiedenen Eigenschaftsausprägungen jeweils einer Eigenschaft verstanden.[114] Hat eine Eigenschaft über alle zugehörigen Eigenschaftsausprägungen eine große Spannweite, wirkt sich eine Veränderung dieser Eigenschaft stark auf den Gesamtnutzen aus.[115] Formel 4 beschreibt diesen Zusammenhang. Der Zähler definiert die Spannweite einer Eigenschaft, die dann in Relation zu der Summe aller Eigenschaften gesetzt wird, woraus sich die relative Wichtigkeit w der Eigenschaft i ergibt.[116]

$$w_i = \frac{\max_r\{\beta_{ir}\} - \min_r\{\beta_{ir}\}}{\sum_{i=1}^{I}\left(\max_r\{\beta_{ir}\} - \min_r\{\beta_{ir}\}\right)}$$

Formel 4: Relative Wichtigkeit der Eigenschaft i

Für die Berechnung der relativen Wichtigkeit können auch die nicht normierten Teilnutzenwerte herangezogen werden.[117] Sobald die normierten Teilnutzenwerte $\hat{\beta}_{ir}$ anstelle der in Formel 4 beschriebenen nicht normierten Teilnutzenwerte β_{ir} verwendet werden, wird der Ausdruck $\min\{\beta_{ir}\}$ aufgrund der Normierung immer gleich null sein.[118] Ist dieses der Fall, sind Formel 4 und Formel 3 identisch.

In dem verwendeten Beispiel gewichtet der Entscheidungsträger die Klasse der administrativen Funktionalitäten gemäß seiner Präferenz mit 72% als die wichtigste Ei-

---

112 Vgl. Koch, Jörg: Marktforschung: Begriffe und Methoden, 3. Auflage, München; Wien; Oldenburg 2000, S. 279.

113 Vgl. Backhaus, Klaus/ Erichson, Bernd/ Plinke, Wulff/ Weiber, Rolf: Multivariate Analysemethoden: eine anwendungsorientierte Einführung, 9. Auflage, Berlin u.a. 2000, S. 589.

114 Vgl. Herrmann, Andreas/ Homburg, Christian: Marktforschung: Methoden, Anwendungen, Praxisbeispiele, 2. Auflage, Wiesbaden 2000, S. 499.

115 Vgl. Backhaus, Klaus/ Erichson, Bernd/ Plinke, Wulff/ Weiber, Rolf: Multivariate Analysemethoden: eine anwendungsorientierte Einführung, 9. Auflage, Berlin u.a. 2000, S. 589.

116 Vgl. Herrmann, Andreas/ Homburg, Christian: Marktforschung: Methoden, Anwendungen, Praxisbeispiele, 2. Auflage, Wiesbaden 2000, S. 499.

117 Vgl. Backhaus, Klaus/ Erichson, Bernd/ Plinke, Wulff/ Weiber, Rolf: Multivariate Analysemethoden: eine anwendungsorientierte Einführung, 9. Auflage, Berlin u.a. 2000, S. 589.

118 Vgl. ebenda.

genschaft einer SSO-Software, gefolgt von der Klasse der benutzerbezogenen Funktionalitäten mit einer Gewichtung von 20% (siehe Tabelle 6). Die Klasse der technischen Funktionalitäten wird am wenigsten relevant erachtet und erhält aus diesem Grund nur einen Wert von 8%.

Eigenschaft	Relative Wichtigkeit/ Gewichtungsfaktor
A	0,72
T	0,08
B	0,20
$\sum$	1,00

Tabelle 6: Relative Wichtigkeiten der Eigenschaften des Beispieles

3.1.2 Gewichtung der Funktionalitäten innerhalb der Klassen

Nachdem nun für die Funktionalitätenklassen die jeweiligen Gewichtungswerte mit dem oben gezeigten Verfahren erhoben werden können, müssen die Funktionalitäten innerhalb der drei Klassen gewichtet werden. Die Gesamtzahl der Funktionalitäten beläuft sich auf 25, von denen 6 zu der Klasse der administrativen Funktionalitäten zugerechnet werden können, 14 zu den technischen Funktionalitäten und 5 zu der Klasse der benutzerbezogenen Funktionalitäten.

3.1.2.1 Paarweiser Vergleich der Funktionalitäten

Die Funktionalitäten der jeweiligen Klasse werden den Entscheidungsträgern jeweils in Paarkombinationen vorgelegt. Bei n Eigenschaften müssen $\frac{n(n-1)}{2}$ Eigenschaftspaare bewertet werden.[119] Der Entscheidungsträger muss bei jedem Vergleichspaar angeben, welche Eigenschaft nach seiner Präferenz für die jeweilige Klasse einer SSO-Software wichtiger ist.[120] Aus der Häufigkeit der im Paarvergleich gewählten Eigenschaften können die Eigenschaften einer Klasse in eine Rangordnung gebracht

---

119 Vgl. Dichtl, Erwin/ Hörschgen, Hans/ Nieschlag, Robert: Marketing, 17. Auflage, Berlin 1994, S. 696.

120 Vgl. Anderson, Rolph E./ Black, William C./ Hair, Joseph F./ Tatham, Ronald L.: Multivariate Data Analysis, 5. Auflage, Upper Saddle River 1998, p. 391.

werden.[121] Allerdings ist diese Rangordnung nur ordinal skaliert, d.h. es kann keine Aussage über die Abstände zwischen den Eigenschaften und folglich auch keine Gewichtung für die Eigenschaften einer Klasse getroffen werden.[122]

3.1.2.2 Grundlagen des „Law of Comparative Judgement"

Um aus einem paarweisen Vergleich als Ergebnis eine Intervallskala zu erhalten, kann die von Thurstone entwickelte Methode des „Law of Comparative Judgement" verwendet werden.[123] Thurstone entwickelte diese Methode für Objekte, die sich nicht ohne weiteres auf einem physikalischen Kontinuum abtragen lassen, wie z.B. die Nutzenwerte für Softwareeigenschaften.[124] Kaas zeigte dann die Bedeutung dieser Methode für die Wirtschaftswissenschaften zur Präferenzmessung.[125] Allerdings müssen zur Anwendung dieser Methode zwei Vorraussetzungen gegeben sein:

1. Die Paarvergleichsdaten müssen redundant sein[126], d.h., dass entweder eine homogene Gruppe von Entscheidungsträgern befragt wird oder die Entscheidungsträger mehrfach befragt werden.[127]
2. Die Einstellung der zu befragenden Personen zu einer Eigenschaft i sind normalverteilt.[128]

Jeder Entscheidungsträger kann gemäß seiner Präferenz zwei Eigenschaften i und j auf einem „Bewertungskontinuum" einordnen und so bestimmen, ob er die Eigen-

---

121 Vgl. o.V.: Paarvergleich (Methode des paarweisen Vergleichs), online: Focus-Lexikon für Mediaplanung, Markt- und Mediaforschung: http://medialine.focus.de/PM1D/PM1DB/PM1DBD/PM1DBDA/PM1DBDAA/pm1dbdaa.htm?buchst=P&snr=2436 [Stand: 23.10.01].

122 Vgl. Hüttner, Manfred: Grundzüge der Marktforschung, 6. Auflage, München; Wien; Oldenburg 1999, S. 114.

123 Vgl. ebenda.

124 Vgl. Kaas, Klaus Peter: Thurstone´s „Law of Comparative Judgement", in: Wirtschaftswissenschaftliches Studium, 9. Jahrgang, 1980, Heft 5, S. 233.

125 Vgl. ebenda.

126 Vgl. Kaas, Klaus Peter: Empirische Preisabsatzfunktionen bei Konsumgütern, 1. Auflage, Berlin; Heidelberg; New York 1977, S. 53;
Thurstone, L. L.: A Law of Comparative Judgement, in: Psychological Review, Vol. 34, 1927, p. 274.

127 Vgl. Gupta, Sunil/ Lehmann, Donald/ Steckel, Joel H.: Marketing Research, 1. Auflage, 1998, p. 245.

128 Vgl. Kaas, Klaus Peter: Empirische Preisabsatzfunktionen bei Konsumgütern, 1. Auflage, Berlin; Heidelberg; New York 1977, S. 53.

schaft i der Eigenschaft j vorzieht.[129] Wird nun eine absolut homogene Gruppe bezüglich ihrer Präferenzen befragt, werden aufgrund der Homogenität alle in dieser Gruppe die gleiche Antwort geben. So könnte das Ergebnis z.B. lauten, dass diese Gruppe Eigenschaft i der Eigenschaft j vorzieht. Allerdings kann bei dieser Aussage kein Urteil über die Distanz zwischen den Einstellungswerten X_i und X_j getroffen werden.[130] Es kann sein, dass die Gruppe die Wichtigkeit (Distanz) zwischen den beiden Eigenschaften als sehr nah definiert oder aber auch einen großen Unterschied in der Wichtigkeit der Eigenschaften sieht. Ziel der Überlegungen von Thurstone ist die Ermittlung dieser Distanzen, aus denen im Anschluss mit Hilfe einer Heuristik die Gewichtungen für die Eigenschaften einer Klasse ermittelt werden.

3.1.2.3 Theorie des „Law of Comparative Judgement"

Wie in Abbildung 1 dargestellt, werden die beiden Eigenschaften i und j auf dem Bewertungskontinuum als Normalverteilungen abgetragen. Die beiden Eigenschaften weisen die für Normalverteilungen notwenigen Parameter des Mittelwertes $(\overline{X}_i, \overline{X}_j)$ und der Standardabweichung (σ_i, σ_j) auf, die die Normalverteilung definieren.[131] Wird nun ein Entscheidungsträger nach seiner Präferenz für die beiden Eigenschaften i und j befragt, wird er mit hoher Wahrscheinlichkeit die Eigenschaft i der Eigenschaft j vorziehen. Allerdings kann sich eine andere Person mit der entsprechend geringeren Gegenwahrscheinlichkeit für Eigenschaft j entscheiden. Dieses ist dann der Fall, wenn die individuelle Präferenz dieses einen Befragten gegenläufig zu den Mittelwerten $\overline{X}_i$ und $\overline{X}_j$ ist.[132]

---

129 Vgl. Kaas, Klaus Peter: Thurstone´s „Law of Comparative Judgement", in: Wirtschaftswissenschaftliches Studium, 9. Jahrgang, 1980, Heft 5, S. 233.

130 ebenda.

131 Vgl. Schlittgen, Rainer: Einführung in die Statistik, 7. Auflage, München; Wien; Oldenburg 1997, S. 229.

132 Vgl. Kaas, Klaus Peter: Empirische Preisabsatzfunktionen bei Konsumgütern, 1. Auflage, Berlin; Heidelberg; New York 1977, S. 54.

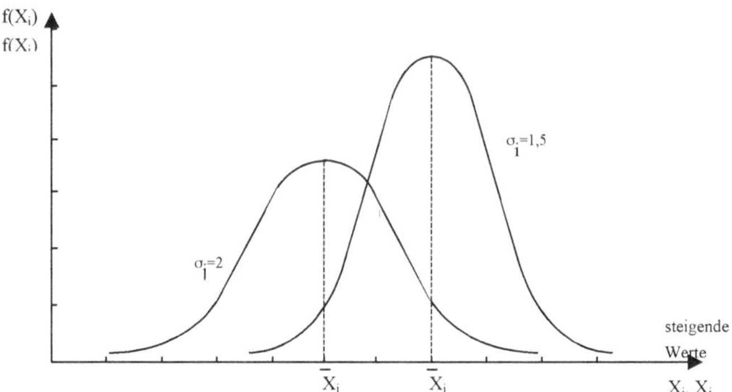

Abbildung 1: Normalverteilungen der Eigenschaften i und j auf dem Bewertungskontinuum mit den zugehörigen Parametern

Dieser Zusammenhang lässt sich auch mittels folgender Differenz ausrücken:

$$X_{ij} = X_i - X_j$$

Formel 5: Differenz der Mittelwerte der Eigenschaften i und j

Sobald diese Differenz größer als null ist, also der Skalenwert X der Eigenschaft i auf dem Bewertungskontinuum durch einen größeren Wert repräsentiert wird als der Skalenwert X der Eigenschaft j, wird der Entscheidungsträger die Eigenschaft i der Eigenschaft j im direkten Paarvergleich vorziehen.[133] Ist die Differenz kleiner als null, zieht er Eigenschaft j vor.[134] Das Ergebnis von Formel 5 hängt also von der individuellen Präferenzverteilung des Einzelnen ab.

Da aber nicht die Präferenz eines Einzelnen relevant ist, sondern die aller Entscheidungsträger, wird die in Formel 5 dargestellte Differenz über alle Personen aggregiert, woraus Formel 6 resultiert.

$$\overline{X}_{ij} = \overline{X}_i - \overline{X}_j$$

Formel 6: Aggregierte Differenz der arithmetischen Mittelwerte der Eigenschaften i und j/ Mittelwert der Präferenzverteilung

133 Vgl. Thurstone, L. L.: A Law of Comparative Judgement, in: Psychological Review, Vol. 34, 1927, p. 275.

134 Vgl. ebenda.

Formel 6 beschreibt aber ebenfalls die Subtraktion der Verteilung der Eigenschaft j von der Verteilung der Eigenschaft i. $\overline{X}_{ij}$ ist also der Mittelwert der aus der Subtraktion resultierenden aggregierten Präferenzverteilung.[135] Sie ist, ebenso wie die Eigenschaften i und j auf dem Bewertungskontiuum, normalverteilt, da aus der Differenz zweier Normalverteilungen wiederum eine Normalverteilung resultiert.[136] Zur Definition der in Abbildung 2 dargestellten Präferenzverteilung ist jetzt noch die Standardabweichung notwendig. Die Standardabweichung der Präferenzverteilung (Formel 7) beinhaltet die Varianzen der Eigenschaften i und j abzüglich der Multiplikation des Korrelationskoeffizienten r_{ij} mit den Standardabweichungen der Normalverteilungen der Eigenschaften i und j.[137]

$$\sigma_{ij} = \sqrt{\sigma_i^2 + \sigma_j^2 - 2r_{ij}\sigma_i\sigma_j}$$

Formel 7: Standardabweichung der Präferenzverteilung

In Abbildung 2 erkennt man links von der Ordinate den Anteil w_{ji} der Personen, die bei dem Paarvergleich der Eigenschaft i und j die Eigenschaft j gewählt haben. [138] Diese Personengruppe hat bei der Differenzbildung gemäß Formel 6 als Ergebnis einen negativen Wert. Da der negative Wert eine Präferenz für Eigenschaft j ausweist, ist die Fläche unterhalb der Verteilung links der Ordinate als Anteil der Personen zu interpretieren, die Eigenschaft j vorziehen. Ebenso lässt sich dann die Gegenwahrscheinlichkeit w_{ij} ablesen, die dem Anteil der Personen entspricht, die Eigenschaft i präferieren.[139]

135 Vgl. Kaas, Klaus Peter: Empirische Preisabsatzfunktionen bei Konsumgütern, 1. Auflage, Berlin; Heidelberg; New York 1977, S. 55.

136 Vgl. Torgerson, Warren S.: Theory and Methods of Scaling, 1. Auflage, New York u.a. 1958, p.161.

137 Vgl. Kaas, Klaus Peter: Thurstone's „Law of Comparative Judgement“, in: Wirtschaftswissenschaftliches Studium, 9. Jahrgang, 1980, Heft 5, S. 234.

138 Vgl. Kaas, Klaus Peter: Empirische Preisabsatzfunktionen bei Konsumgütern, 1. Auflage, Berlin; Heidelberg; New York 1977, S. 55.

139 Vgl. ebenda.

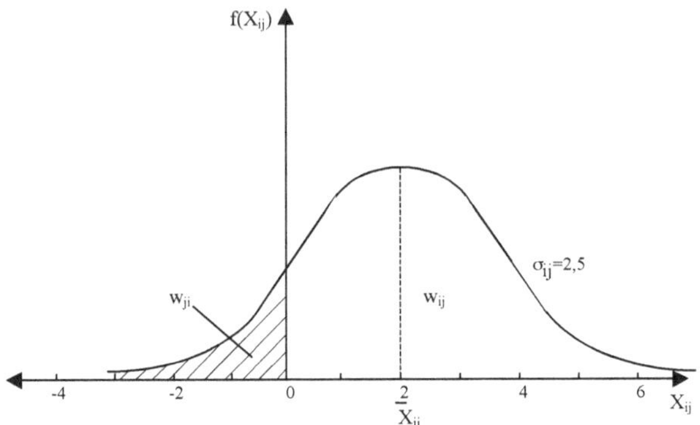

Abbildung 2: Präferenzverteilung

Die w_{ji} /w_{ij} Werte sind also auch Wahrscheinlichkeiten für oder gegen die Entscheidung einer Eigenschaft für eine zufällig gewählte Person.[140] Diese Wahrscheinlichkeiten sind die durch Befragung gegebenen Werte, da man bei einem paarweisen Vergleich für jedes Paar den Anteil der Personen erhält, die die eine oder andere Eigenschaft gewählt haben. Aus diesen Werten werden dann die Skalenwerte $\overline{X}_i$ und $\overline{X}_i$ errechnet, durch die dann die Gewichtungsfaktoren der Eigenschaften ermittelt werden.[141]

Um $\overline{X}_i$ und $\overline{X}_i$ zu erhalten, müssen einige Umformungen der Präferenzverteilung vorgenommen werden. Die Präferenzverteilung wird zu einer Standardnormalverteilung umgeformt, damit die Achsenwerte zu den Integralwerten der w_{ji} und w_{ij} anhand der sogenannten Tabelle der Flächenanteile der Normalverteilung abgelesen werden kann.[142] Zur Umformung einer Normalverteilung in eine Standardnormalverteilung wird Formel 8 verwendet.

$$z_{ji} = \frac{X_{ij} - \overline{X}_{ij}}{\sigma_{ij}}$$

Formel 8: Umformung einer Normalverteilung in eine Standardnormalverteilung

---

140 Vgl. Borg, Ingwer/ Staufenbiel, Thomas: Theorien und Methoden der Skalierung: eine Einführung, 3. Auflage, Bern u.a. 1997, S. 57.

141 Vgl. Kaas, Klaus Peter: Empirische Preisabsatzfunktionen bei Konsumgütern, 1. Auflage, Berlin; Heidelberg; New York 1977, S. 56.

142 Vgl. ebenda.

Nach der Transformation ist der Mittelwert der Verteilung 0, und die Standardabweichung nimmt den Wert 1 an.[143] Formel 9 stellt dar, wie der Abszissenwert $z_{ji}(w_{ji})$, der die Fläche w_{ji} nach rechts begrenzt, für die transformierte Präferenzverteilung berechnet wird.[144] Die Differenz zwischen dem Abszissenwert der Fläche w_{ji} und dem Mittelwert der Präferenzverteilung $\overline{X}_{ij}$ wird durch die Standardabweichung σ_{ij} dividiert.

$$z_{ji}(w_{ji}) = \frac{0 - \overline{X}_{ij}}{\sigma_{ij}}$$

Formel 9: Abszissenwert der Fläche w_{ij} nach der Transformation

Bei der in Abbildung 2 dargestellten Verteilung mit einem Mittelwert $\overline{X}_{ij}$ von 2, einer Standardabweichung σ_{ij} von 2,5 und einem Abszissenwert der Fläche w_{ji} von 0 ergibt sich also nach der Transformation für $z_{ji}(w_{ji})$ ein Wert von -0,8.

Aufgrund der Symmetrie einer Normalverteilung hat der $z_{ij}(w_{ij})$ Wert das gleiche Aussehen wie der $z_{ji}(w_{ji})$ Wert, nur dass das Vorzeichen positiv ist (Formel 10).[145]

$$z_{ij}(w_{ij}) = \frac{\overline{X}_{ij}}{\sigma_{ij}} \quad \forall\ (i,j = 1,2,\ldots,n \,/\, i<j)$$

Formel 10: $z_{ij}(w_{ij})$ Werte

Formel 10 wird nun mit σ_{ij} multipliziert und anschließend wird Formel 6 (Mittelwert der Präferenzverteilung) und Formel 7 (Standardabweichung der Präferenzverteilung) in Formel 10 eingesetzt.[146] Daraus resultiert Formel 11.

---

143 Vgl. Neubauer, Werner: Statistische Methoden: ausgewählte Kapitel für Wirtschaftswissenschaftler, 1. Auflage, München 1994, S. 351.

144 Vgl. Kaas, Klaus Peter: Empirische Preisabsatzfunktionen bei Konsumgütern, 1. Auflage, Berlin; Heidelberg; New York 1977, S. 56.

145 Vgl. Schlittgen, Rainer: Einführung in die Statistik, 7. Auflage, München; Wien; Oldenburg 1997, S. 232.

146 Vgl. Kaas, Klaus Peter: Empirische Preisabsatzfunktionen bei Konsumgütern, 1. Auflage, Berlin; Heidelberg; New York 1977, S. 57.

$$\bar{X}_i - \bar{X}_j = z_{ij}(w_{ij})\sqrt{\sigma_i^2 + \sigma_j^2 - 2r_{ij}\sigma_i\sigma_j} \quad \forall\ (i,j = 1,2,\ldots,n\ /\ i<j)$$

Formel 11: „Law of Comparative Judgement“

Diese für den Paarvergleich grundlegende Beziehung wird von Thurstone als „Law of Comparative Judgement“ bezeichnet.[147]

3.1.2.4 Case 5 des „Law of Comparative Judgement“

Wird Formel 11 aber für jedes mögliche Vergleichspaar (i,j) gebildet, ergeben sich insgesamt $\frac{n(n-1)}{2}$ Gleichungen, die aber 2n+$\frac{n(n-1)}{2}$ Unbekannte aufweisen.[148] Da solch ein Gleichungssystem nicht lösbar ist, wurden von Thurstone einige Vereinfachungen getroffen, die in der Literatur als „Case 5“ beschrieben werden.[149] Thurstone unterstellt nun, dass die Korrelation zwischen i und j gleich null ist ($r_{ij}=0$) und die Standardabweichungen von i und j identisch sind ($\sigma_i = \sigma_j = \sigma$).[150] Mit diesen Annahmen reduziert sich Formel 11 zu dem in Formel 12 gezeigten Ausdruck.

$$z_{ij}(w_{ij}) = \frac{\bar{X}_i - \bar{X}_j}{\sqrt{2\sigma^2}} \quad \forall\ (i,j = 1,2,\ldots,n\ /\ i<j)$$

Formel 12: „Case 5“ des „Law of Comparative Judgement“

Der Nenner der rechten Seite von Formel 12 wird jetzt gleich 1 gesetzt, da er auf der resultierenden Skala nur eine lineare Schrumpfung verursacht, also an der relativen Position der einzelnen Werte zueinander nichts ändert.[151] Der verbleibende Ausdruck

147 Vgl. Thurstone, L. L.: A Law of Comparative Judgement, in: Psychological Review, Vol. 34, 1927, p. 276.

148 Vgl. Torgerson, Warren S.: Theory and Methods of Scaling, 1. Auflage, New York u.a. 1958, p.162.

149 Vgl. Thurstone, L. L.: A Law of Comparative Judgement, in: Psychological Review, Vol. 34, 1927, p. 282.

150 Vgl. Borg, Ingwer/ Staufenbiel, Thomas: Theorien und Methoden der Skalierung: eine Einführung, 3. Auflage, Bern u.a. 1997, S. 60.

151 Vgl. Borg, Ingwer/ Staufenbiel, Thomas: Theorien und Methoden der Skalierung: eine Einführung, 3. Auflage, Bern u.a. 1997, S. 61.

wird über alle j summiert, da alle Eigenschaften miteinander kombiniert werden sollen und anschließend durch n dividiert, dargestellt in Formel 13.[152]

$$\frac{1}{n}\sum_{j=1}^{n} z_{ij}(w_{ij}) = \overline{X}_i - \frac{1}{n}\sum_{j=1}^{n} \overline{X}_j \qquad \forall \; (i = 1,2,\ldots,n)$$

Formel 13: Mittelwerte auf der Intervallskala

Der Ausdruck auf der linken Seite von Formel 13 kann mit den erhobenen Daten errechnet werden.[153] Es werden für alle Paarvergleiche, die die Eigenschaft i enthalten, zu den w_{ij} Werten die zugehörigen z_{ij} Werte aus der Tabelle der Normalverteilung ermittelt. Die erhaltenen z_{ij} Werte werden dann summiert und durch n geteilt. Dieser Wert entspricht dem gesuchten Mittelwert $\overline{X}_i$, der in Abbildung 1 bereits dargestellt wurde.[154] Allerdings muss der Mittelwert $\overline{X}_i$ noch um das arithmetische Mittel aller Mittelwerte verringert werden.[155] Da diese Verringerung alle $\overline{X}_i$ gleichmäßig reduziert und damit nicht ihre relative Lage zueinander verändert, kann das arithmetische Mittel frei gewählt werden.[156] Die erhaltenen Mittelwerte $\overline{X}_i$ (i = 1,2,...,n) bilden also die Intervallskala.[157]

3.1.2.5 Heuristik zur Ermittlung der Gewichtung aus den intervallskalierten Daten

Da eine Intervallskala noch keine Aussage über die Gewichtung der Eigenschaften erlaubt, sondern nur eine Aussage über die Abstände der Eigenschaften auf der Intervallskala,[158] muss eine Möglichkeit gefunden werden, diese Gewichtungswerte aus den intervallskalierten Daten zu gewinnen.

---

152 Vgl. Kaas, Klaus Peter: Empirische Preisabsatzfunktionen bei Konsumgütern, 1. Auflage, Berlin; Heidelberg; New York 1977, S. 95.

153 Vgl. ebenda.

154 Vgl. Kaas, Klaus Peter: Empirische Preisabsatzfunktionen bei Konsumgütern, 1. Auflage, Berlin; Heidelberg; New York 1977, S. 96.

155 Vgl. ebenda.

156 Vgl. ebenda.

157 Vgl. ebenda.

158 Vgl. Teibenbacher, Peter: Das Messen als Grundlage statistischer Arbeit, online: Karl-Franzens-Universität Graz: http://www-fhg.kfunigraz.ac.at/lehre/grundkurs/script/ab09/text923.htm#4 [Stand: 26.10.01].

Im Rahmen dieser Heuristik werden zuerst die Abstände der einzelnen Eigenschaften zueinander ermittelt und anschließend die durchschnittlichen Distanzen der Eigenschaften errechnet. Durch Festlegung eines Nullpunktes und anschließende Normierung erhält man die gesuchten Gewichte der einzelnen Funktionalitäten.

3.1.2.6 Beispiel zur Berechnung der Gewichte der Funktionalitäten mittels des „Law of Comparative Judgement“

Nach der Theorie des „Law of Comparative Judgement“ soll dessen Funktionsweise anhand der Funktionalitätenklasse der benutzerbezogenen Funktionalitäten demonstriert werden. Um die Vorgehensweise zu verstehen, möge man sich noch einmal Formel 13 vergegenwärtigen. Sie beschreibt den Zusammenhang zwischen den Abszissenwerten $z_{ij}(w_{ij})$ und den Mittelwerten der Eigenschaften $\overline{X}_i$. Um also die Mittelwerte als Ergebnis zu gewinnen, werden zuerst die Wahrscheinlichkeiten w_{ij} benötigt, die dann in die zugehörigen Abszissenwerte $z_{ij}(w_{ij})$ transformiert werden. Anschließend erhält man die gesuchten Mittelwerte.

Bei den fünf Funktionalitäten dieser Klasse ergeben sich zehn Paarvergleiche, die von einer Gruppe von 20 Entscheidungsträgern gemäß ihrer Präferenz bewertet werden. Die daraus resultierenden absoluten Antworten sind in Tabelle 7 dargestellt. Sie sind so zu verstehen, dass der Nutzen der in den Spalten verzeichneten Eigenschaften im Vergleich zu den in den Zeilen verzeichneten Eigenschaften als höher empfunden wird. So liest sich z.B. der Wert 18 in der Zelle der i=Selbstregistrierung/ j=Passwortgenerierung wie folgt: 18 der befragten Personen empfinden für die Klasse der benutzerbezogenen Funktionalitäten die Selbstregistrierung wichtiger als die Passwortgenerierung. Der dazu komplementäre Wert findet sich in der Zelle i=Passwortgenerierung/ j=Selbstregistrierung. Die Summe beider Werte ergibt 20.

j \ i	Selbstregist-rierung	Passwortgene-rierung	Getrennter Modus	Anmelde-hinweis	Applikations-auswahl
Selbst-registrierung	–	2	8	6	11
Passwort-generierung	18	–	3	8	14
Getrennter Modus	12	17	–	9	18
Anmelde-hinweis	14	12	11	–	15
Applikati-onsauswahl	9	6	2	5	–

Tabelle 7: Absolute Werte einer Befragung

Da die Anteile w_{ij} als Grundlage der Berechnung der Positionen der Eigenschaften auf der Intervallskala notwendig sind, werden die absoluten Werte der Tabelle 7 in die relativen Werte in Tabelle 8 umgerechnet. Bei diesen Werten handelt es sich um die nötigen w_{ij} und die w_{ji} Werte. Da innerhalb des Modells die Bedingung ($i,j = 1,2,...,n$ / $i<j$) gilt, befinden sich die w_{ij} Werte in der linken unteren Hälfte der Matrix und die w_{ji} Werte in der oberen rechten Hälfte.

j \ i	Selbst-registrierung	Passwort-generierung	Getrennter Modus	Anmelde-hinweis	Applikations-auswahl
Selbst-registrierung	0,50	0,10	0,4	0,3	0,55
Passwort-generierung	0,90	0,50	0,15	0,4	0,70
Getrennter Modus	0,60	0,85	0,50	0,45	0,90
Anmelde-hinweis	0,70	0,60	0,55	0,50	0,75
Applikations-auswahl	0,45	0,30	0,10	0,25	0,50

Tabelle 8: Relative Werte einer Befragung/ w_{ij}, w_{ji} Werte

Die Werte in Tabelle 8 werden ebenfalls wie die Werte in Tabelle 7 gelesen; so bedeutet der w_{ij} Wert 0,90 in der Zelle i=Selbstregistrierung/ j=Passwortgenerierung, dass 90% der befragten Personen die Selbstregistrierung wichtiger empfinden als die Passwortgenerierung. Der dazu komplementäre w_{ji} Wert von 0,1 wird ebenso interpretiert.

Da aber zur Bestimmung der Mittelwerte der Normalverteilungen der Eigenschaften nicht die Wahrscheinlichkeiten w_{ij} verwendet werden, sondern die zugehörigen Abszissenwerte $z_{ij}(w_{ij})$, werden diese aus der Tabelle der Normalverteilung abgelesen und in Tabelle 9 eingetragen.

i j	Selbst-registrierung	Passwort-generierung	Getrennter Modus	Anmelde-hinweis	Applikations-auswahl
Selbst-registrierung	0	-1,2816	-0,2533	-0,5244	0,1257
Passwort-generierung	1,2816	0	-1,0364	-0,2533	0,5244
Getrennter Modus	0,2533	1,0364	0	-0,1257	1,2816
Anmelde-hinweis	0,5244	0,2533	0,1257	0	0,6745
Applikations-auswahl	-0,1257	-0,5244	-1,2816	-0,6745	0
$\sum$	1,9336	-0,5163	-2,4456	-1,5779	2,6062
$\sum/n$	0,3867	-0,1033	-0,4891	-0,3156	0,5212

Tabelle 9: Zu den w_{ji}/ w_{ij} -Werten zugehörige $z_{ji}(w_{ji})$, $z_{ij}(w_{ij})$ Werte

Wie in Formel 13 schon dargestellt, sind nicht die Einzelwerte relevant, sondern die Summe der $z_{ij}(w_{ij})$ Werte. Die $z_{ij}(w_{ij})$ Werte werden deswegen summiert (dargestellt in Tabelle 9, Zeile 7) und anschließend durch n dividiert. Da im vorliegenden Beispiel n=5 ist, ergibt sich die letzte Zeile von Tabelle 9 als Division der einzelnen Summen durch 5. Diese Werte entsprechen den gesuchten $\overline{X}_i$ Werten, die die in Abbildung 3 dargestellte Intervallskala bilden. Die Skalenwerte $\overline{X}_i$ haben aber selbst keinen empirischen Gehalt. Lediglich die in Formel 6 dargestellten Differenzen zwischen ihnen lassen eine Aussage über die Präferenz des Befragten zu.[159] In Abbildung 3 erkennt man, dass bei diesen $\overline{X}_i$ Werten die Präferenz für die Eigenschaft der Selbstregistrierung im Vergleich zur Passwortgenerierung mit einem Wert von 0,49 fast drei mal so stark ist, wie die Präferenz des Anmeldehinweises im Vergleich zu der Eigenschaft des Getrennten Modus mit einem Wert von 0,1735.

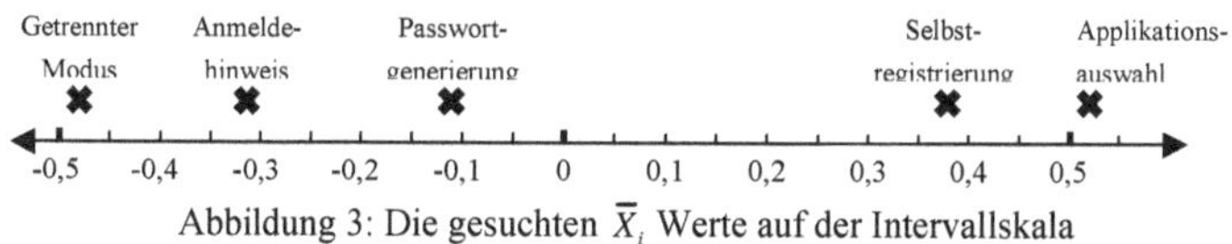

Abbildung 3: Die gesuchten $\overline{X}_i$ Werte auf der Intervallskala

Bei Betrachtung der Skala in Abbildung 3 fällt sofort auf, dass diese keinen natürlichen Nullpunkt aufweist und deshalb auch nicht ohne weiteres Gewichtungsfaktoren aus den $\overline{X}_i$ Werten gewonnen werden können.

Um aber trotzdem zu einer Gewichtung der Eigenschaften zu gelangen, soll eine Heuristik angewandt werden, deren Vorgehensweise in Tabelle 10 dargestellt ist. Zuerst werden die Distanzen zwischen den Werten errechnet, deren Werte in den Zeilen 2 bis 6 abgelesen werden können. Anschließend werden die Distanzwerte der einzelnen Eigenschaften summiert und durch 4 dividiert, woraus die durchschnittlichen Distanzen einer Eigenschaft zu den anderen resultieren. Diese Werte entsprechen den in Abbildung 3 dargestellten Skalenwerten. Die Eigenschaft der Applikationsauswahl hat den höchsten Skalen- und durchschnittlichen Distanzwert und somit auch den höchsten Nutzen, gefolgt von der Eigenschaft der Selbstregistrierung usw.

Um jetzt eine Gewichtung vornehmen zu können, muss hier die Annahme getroffen werden, dass die Eigenschaft mit dem geringsten durchschnittlichen Distanzwert ein Gewicht von null hat, sie also auch einen Nutzenwert von null aufweist. Diese Annahme ist zur Errechnung von Gewichtungsfaktoren zwingend notwenig, da jetzt die Intervallskala einen natürlichen Nullpunkt erhält und somit zu einer Ratioskala transformiert wird.

159 Vgl. Kaas, Klaus Peter: Empirische Preisabsatzfunktionen bei Konsumgütern, 1. Auflage, Berlin; Heidelberg; New York 1977, S. 97.

j \ i	Selbst-registrierung	Passwort-generierung	Getrennter Modus	Anmelde-hinweis	Applikations-auswahl
Selbst-registrierung	-	-0,4900	-0,8758	-0,7023	0,1345
Passwort-generierung	0,4900	-	-0,3858	-0,2123	0,6245
Getrennter Modus	0,8758	0,3858	-	0,1735	1,0103
Anmelde-hinweis	0,7023	0,2123	-0,1735	-	0,8368
Applikations-auswahl	-0,1345	-0,6245	-1,0103	-0,8363	-
∑ der Distanzen	1,9336	-0,5164	-2,4454	-1,5774	2,6061
Ø Distanz	0,4834	-0,1291	-0,6114	-0,3944	0,6515
Gewichtungs faktoren	1,0948	0,4823	0	0,2170	1,2630
Gewichtungs Faktoren (skaliert zwischen 0 und 1)	0,3581	0,1578	0	0,0710	0,4131

Tabelle 10: Distanzwerte der Eigenschaften und resultierende Gewichtungsfaktoren

Zu den durchschnittlichen Distanzwerten wird der Wert 0,6114 addiert, woraus sich ein durchschnittlicher Distanzwert für die Eigenschaft des Getrennten Modus von 0 ergibt und diese Eigenschaft den Nullpunkt der Skala darstellt. Die getroffene Annahme bedeutet zwar einen Informationsverlust, da die Eigenschaft des Getrennten Modus sicherlich auch einen Gewichtungswert größer als null gemäß der individuellen Präferenz des Befragten aufweist. Andererseits ist sie ökonomisch trotzdem noch interpretierbar, da die Eigenschaft des Getrennten Modus am nächsten zum natürlichen Nullpunkt des Befragten lag und somit ohnehin den geringsten Nutzenwert im Vergleich zu den anderen Eigenschaften aufweist. Die daraus resultierenden Werte in der vorletzten Zeile von Tabelle 10 können schon als Gewichtungsfaktoren verwendet werden. Da aber eine Skala zwischen 0 und 3,0571 unüblich ist, werden die Werte noch auf eine Skalierung zwischen 0 und 1 transformiert, woraus dann die prozentualen Werte der letzten Zeile resultieren. Die Zeilensumme der letzten Zeile ergibt natürlich einen Wert von 1.

Im vorliegenden Beispiel empfindet der Befragte also die Applikationsauswahl mit einem Wert von 41,31% als wichtigste Eigenschaft innerhalb der Klasse der benutzerbezogenen Funktionalitäten, gefolgt von der Selbstregistrierung mit einem Wert von 35,81%, usw.

3.2 Pragmatisch orientierter einstufiger Gewichtungsansatz

Zur Ermittlung der Gewichtungsfaktoren im Rahmen des einstufigen Gewichtungsverfahrens wird auf einen Fragebogen zurückgegriffen. Ähnlich wie beim paarweisen Vergleich werden den Entscheidungsträgern paarweise Funktionalitäten vorgelegt, die sie gemäß ihrer Präferenz bewerten müssen. Allerdings gibt es bei diesem Verfahren nicht nur die Möglichkeit sich für die eine oder andere Eigenschaft zu entscheiden („entweder-oder" Entscheidung), sondern auch die Möglichkeit, feiner abgestimmt zwischen den Eigenschaften A und B zu wählen. Durch diese feiner nuancierten Wahlmöglichkeiten zwischen den dargebotenen Eigenschaftspaaren lassen sich auch im Gegensatz zum paarweisen Vergleich direkt aus dem Fragebogen Gewichtungswerte errechnen. Ein solcher Paarvergleich mit den Eigenschafen A und B ist in Abbildung 4 dargestellt. Der Befragte kann also nicht nur für die eine oder andere Eigenschaft stimmen, sondern z.B. seine Indifferenz zwischen den beiden Eigenschaften für eine Single Sign-On-Software ausdrücken, indem er die Wahlmöglichkeit „etwa gleich wichtig" ankreuzt oder sich für eine der anderen Antwortalternativen entscheidet.

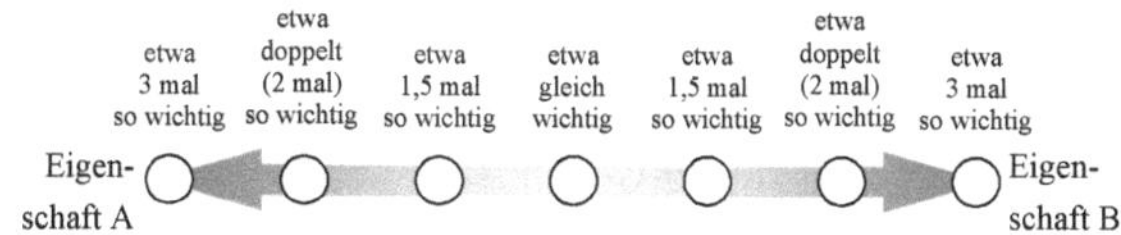

Abbildung 4: Paarvergleich beim einstufigen Gewichtungsverfahren

Ist ein Befragter indifferent zwischen zwei Eigenschaften, kann dieses durch Formel 14 dargestellt werden. Hier wird deutlich, dass der Nutzen X für Eigenschaft A gleich dem Nutzen der Eigenschaft B ist.

$$X_a = X_b$$

Formel 14: Indifferenz zwischen Eigenschaft A und Eigenschaft B

Empfindet der Befragte beispielsweise den Nutzen der Eigenschaft B als etwa doppelt so stark wie den der Eigenschaft A, beschreibt Formel 15 diesen Zusammenhang. Sie kann so interpretiert werden, dass zweimal die Ausprägung der Eigenschaft A notwendig ist, um den Nutzenwert der Eigenschaft B zu erreichen. Es wird also deutlich, dass bei dem einstufigen Gewichtungsansatz davon ausgegangen wird, dass die einzelnen Eigenschaften additiv sind und eine Verringerung einer Eigenschaft durch die Verstärkung einer anderen ausgeglichen werden kann.

$$2X_a = X_b$$

Formel 15: Eigenschaft B wird Eigenschaft A vorgezogen

Bei den Vergleichspaaren, die den Befragten vorgelegt werden, können verschiedene Stufen der relativen Wichtigkeit der einen Eigenschaft zu der anderen gewählt werden. In den hier verwendeten Vergleichspaaren wurde die relative Wichtigkeit auf die Schritte genauso wichtig (Indifferenz), 1,5 mal so wichtig, 2 mal so wichtig und 3 mal so wichtig festgelegt, da diese Aufteilung als sinnvoll und vom Befragten noch als beantwortbar erachtet wurde. Diese Aufteilung kann aber je nach vorliegendem Problem auch variiert werden. Es ändern sich dabei lediglich die Verhältniszahlen innerhalb der Gleichungen. Durch die Erhöhung der Antwortmöglichkeiten wird es natürlich für den Befragten ungleich schwieriger, das jeweilige Vergleichspaar zu bewerten. Aus diesem Grund soll in dem vorliegenden Beispiel auch die Zahl der Antwortmöglichkeiten auf 7 begrenzt bleiben.

Da die vorliegenden Ansätze aber nicht ausreichen, um für mehrere Eigenschaften Gewichtungsfaktoren zu erhalten, muss ein Gleichungssystem konstruiert werden, dass mindestens genauso viele Gleichungen wie Unbekannte aufweist. Bei n Eigenschaften werden (n-1) Vergleichspaare wie in Formel 14 und 15 dargestellt, gebildet. Diese (n-1) Vergleichspaare stellen die Verhältnisse der einzelnen Eigenschaften zueinander dar, die von dem Befragten gemäß seiner individuellen Präferenz gegeneinander abgewogen werden müssen. Da aber zur Lösung dieses Gleichungssystems immer noch eine Gleichung fehlt, wird die zusätzliche Bedingung mit Formel 16 eingeführt, dass die Summe aller Gewichtungsfaktoren X gleich eins sein muss.

$$X_a + X_b + \ldots + X_n = 1$$

Formel 16: Summenbedingung

Werden die (n-1) Vergleichspaare mit der Summenbedingung aus Formel 16 kombiniert, kann das Gleichungssystem gelöst werden.
Bei den 25 Eigenschaften einer Single Sign-On-Software ergeben sich also insgesamt 25 Gleichungen, die sich in 24 Vergleichspaare und die Summenbedingung aufteilen. Die 24 Vergleichspaare werden dem Befragten in einem Fragebogen vorgelegt und von ihm bewertet.[160] Sollen mehrere Personen befragt werden, müssen die aus den Fragebögen erhaltenen Gewichte summiert und durch die Anzahl der befragten Personen dividiert werden.

3.2.1 Beispiel zur Berechnung der Gewichtung mittels des einstufigen Verfahrens

Um die Vorgehensweise der Berechnung zu zeigen, sollen hier die Gewichtungsfaktoren für die benutzerbezogenen Eigenschaften als eine Teilmenge aller Eigenschaften einer SSO-Software demonstriert werden. Die Grundlage der Berechnung bildet ein beantworteter Fragebogen, der in Abbildung 5 dargestellt ist.

160 Der Fragebogen für die 25 Eigenschaften ist dieser Untersuchung im Anhang A beigefügt.

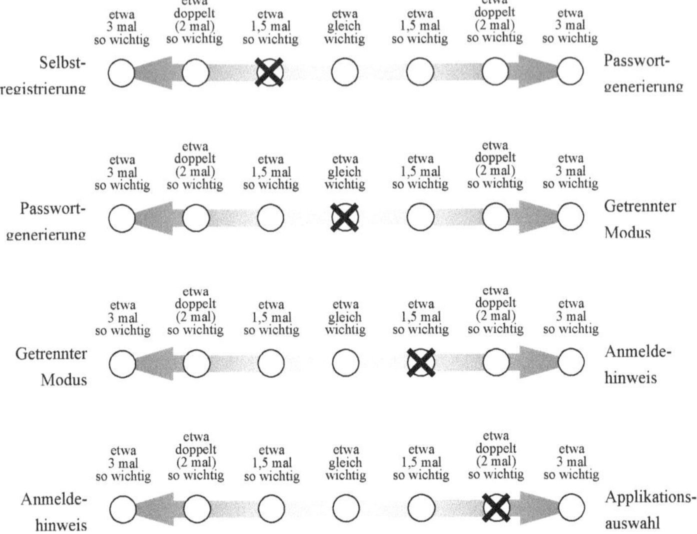

Abbildung 5: Beispielfragebogen zur Berechnung der Gewichtungsfaktoren

In Abbildung 5 erkennt man, dass aus den 5 Eigenschaften der benutzerbezogenen Funktionalitäten genau 4 Vergleichspaare gebildet werden. Aus der Beantwortung dieser Fragen resultiert das in Abbildung 6 dargestellte Gleichungssystem, das um die Summenbedingung ergänzt wird. Die Gewichtungswerte X haben zwei Indices: das B zeichnet sie als zu der Klasse der benutzerbezogenen Funktionalitäten zugehörig aus, die jeweilige Ziffer hinter der Klassenbezeichnung beschreibt die jeweilige Eigenschaft.

$$X_{A1} + X_{A2} + X_{A3} + X_{A4} + X_{A5} = 1$$
$$X_{A1} = 1{,}5\ X_{A2}$$
$$X_{A2} = X_{A3}$$
$$1{,}5\ X_{A3} = X_{A4}$$
$$2\ X_{A4} = X_{A5}$$

Abbildung 6: Gleichungssystem des in Abbildung 5 gezeigten Fragebogens

Aus diesem Gleichungssystem lassen sich dann die Gewichtungswerte für die einzelnen Eigenschaften errechnen. In Abbildung 7 erkennt man, dass bei dem vorliegenden Beispiel der Eigenschaft der Applikationswahl (X_{A5}) die größte Bedeutung für die administrativen Funktionalitäten zugemessen wird, da sie mit 37,5% den höchsten Gewichtungsfaktor erreicht. Als am wenigsten relevant werden die Eigenschaften Passwortgenerierung (X_{A2}) und Getrennter Modus (X_{A3}) betrachtet, da sie nur einen Gewichtungswert von jeweils 12,5% erreichen.

$$
\begin{aligned}
X_{A1} &= 0{,}1875 \\
X_{A2} &= 0{,}1250 \\
X_{A3} &= 0{,}1250 \\
X_{A4} &= 0{,}1875 \\
X_{A5} &= 0{,}3750 \\
\hline
\sum &= 1{,}0000
\end{aligned}
$$

Abbildung 7: Gewichtungsfaktoren des in Abbildung 5 gezeigten Fragebogens

3.3 Vergleich der Gewichtungsverfahren

Die beiden dargestellten Verfahren zur Gewichtung der Funktionalitäten sind sehr unterschiedlich, was sich schon deutlich an der unterschiedlichen Komplexität beider Verfahren zeigt.

Die Befragung mittels des einstufigen Verfahrens ist deutlich weniger aufwendig als der Einsatz des zweistufigen Verfahrens, bei dem ein Entscheidungsträger insgesamt 125 Entscheidungen treffen muss. Bei dem einstufigen Verfahren sind im Vergleich dazu lediglich 24 Vergleichspaare zu bewerten. Weiterhin ist der Rechenaufwand deutlich geringer als bei dem zweistufigen Verfahren, da lediglich ein Gleichungssystem gelöst werden muss.

Allerdings darf hier nicht vergessen werden, dass die Anwendung des zweistufigen Verfahrens deutlich exaktere Ergebnisse hervorbringt als die des einstufigen Verfahrens. Bei der Auswahl eines Verfahrens darf deshalb die Zielsetzung nicht außer Acht gelassen werden. Je nachdem ob ein schnelles und somit kostengünstiges Ergebnis oder aber ein exaktes, dafür aber teures Ergebnis das Ziel ist, muss zwischen den beiden Verfahren gewählt werden.

Sobald die Anzahl der zu befragenden Personen relativ klein ist, ist eine Auswertung mittels des zweistufigen Verfahrens nur eingeschränkt durchführbar, da die verwendeten statistischen Verfahren bei einer geringen Stichprobe nur ungenügende Ergebnisse liefern. Das einstufige Verfahren liefert hingegen auch bei einer kleinen Stichprobe zuverlässige Ergebnisse, die aber trotzdem auch bei einer großen Anzahl von Personen problemlos aggregiert werden können.

4. Kostenträger einer Single Sign-On-Software

Nachdem die Funktionalitäten im Rahmen des Entscheidungsunterstützungsmodells in den beiden vorhergehenden Kapiteln erörtert und verschiedene Gewichtungsansätze zur Erfassung der individuellen Präferenzen in Bezug auf die Funktionalitäten betrachtet wurden, soll nun in diesem Kapitel auf die verschiedenen Kostenkomponenten einer SSO-Software eingegangen werden. Eine zu untersuchende SSO-Software erhält dann zusätzlich zu der Kennzahl der Funktionalitäten, die auf der Abszisse des Koordinatensystems abgetragen wird, die Kennzahl der Kosten, die auf der Ordinate abgetragen wird. Anhand dieser beiden Kennzahlen können mehrere Produkte in das Koordinatensystem eingeordnet und untereinander verglichen werden.

Zur Ermittlung der Kosten einer Single Sign-On-Software wird hier das von der Gartner Group im Jahre 1986 entwickelte Konzept der „Total Cost of Ownership" (TCO) verwendet. Dieses Konzept bezog sich ursprünglich nur auf Arbeitsplatzrechner innerhalb einer Organisation, wurde aber im Laufe der Zeit weiterentwickelt und fokussiert weitere Bereiche der Informations-Technologie wie z.B. Netzwerke (LAN), Verteilte Systeme, Mainframes, Telekommunikationseinrichtungen u.ä..[161] Im Gegensatz zu anderen Ansätzen werden beim TCO-Modell der Gartner Group nicht nur die einmaligen Anschaffungskosten einer IT-Investition betrachtet, sondern auch die Folgekosten, die während des Besitzes und der Nutzung entstehen.[162] Dieses Modell stellt die Kostenstrukturen, die durch den Einsatz von IT-Technologien entstehen, transparent dar.[163] Eine Organisation soll anhand dieses Modells die tatsächlichen Kosten der IT-Infrastruktur identifizieren können, um diese dann einem Benchmarking zu unterziehen und um gegebenenfalls eine Verbesserung der Kostenstruktur

---

[161] Vgl. Emigh, Jacqueline: Total Cost of Ownership, online: Computerworld: http://www.computerworld.com/cwi/story/0,1199,NAV47_STO42717,00.html, [Stand: 17.11.01].

[162] Vgl. Herges, Sascha/ Wild, Martin: Total Cost of Ownership (TCO) – Ein Überblick, in: Arbeitspapiere WI, Nr. 1/2000, Hrsg.: Lehrstuhl für Allg. BWL und Wirtschaftsinformatik, Johann Gutenberg-Universität Mainz 2000, S. 6;
o.V.: EDV Lexikon, online: Ruhr-Universität Bochum: http://homepage.ruhr-uni-bochum.de/martin.vogel/lx/t.html, [Stand: 14.11.01].

[163] Vgl. Emigh, Jacqueline: Total Cost of Ownership, online: Computerworld: http://www.computerworld.com/cwi/story/0,1199,NAV47_STO42717,00.html, [Stand: 17.11.01].

durchzuführen.[164] Dabei wird von der Gartner Group eine Unterscheidung in direkte und indirekte Kosten getroffen.[165]

4.1 Direkte Kosten

Unter direkten Kosten versteht man die Leistungen in Bezug auf die IT-Infrastruktur, die von einem IT-Dienstleister erbracht werden.[166] Um in die Kategorie der direkten Kosten zugeordnet zu werden, müssen diese Leistungen direkt zurechenbar sein.[167] Unter die Kategorie der direkten Kosten fallen beispielsweise Kosten für Hardware und Software, Support und Programmentwicklung.[168]

Im folgenden werden die Kosten einer Single Sign-On-Software aufgelistet, die den direkten Kosten des TCO-Modells zugerechnet werden können.

4.1.1 Lizenzkosten

Durch die ganzheitliche Betrachtung der Kosten mittels des „Total Cost of Ownership" Ansatzes von der Gartner Group wird dargestellt, dass die Bedeutung der Lizenzkosten an den Gesamtkosten durch andere Ansätze häufig überschätzt wird.[169] Die Lizenzkosten können pro Arbeitsplatz berechnet werden.[170] So müsste für jeden von einer Organisation an das SSO-System angeschlossenen Mitarbeiter eine Lizenzgebühr an den Hersteller der Software entrichtet werden.

4.1.2 Hardwarekosten

Dieser Kostenblock lässt sich in zwei Bereiche aufteilen. Zuerst müssen Server angeschafft werden, auf denen die zentralen Bestandteile einer SSO-Software ausgeführt

---

164 Vgl. Berg, T./ Kirwin, W./ Redman, B.: TCO: A Critical Tool for Managing IT, online: Gartner Group Inc., 12.10.1998, p. i.

165 Vgl. Riepl, Ludwig: TCO versus ROI, in: Information Management, 2/1998, S.9.

166 Vgl. Herges, Sascha/ Wild, Martin: Total Cost of Ownership (TCO) – Ein Überblick, in: Arbeitspapiere WI, Nr. 1/2000, Hrsg.: Lehrstuhl für Allg. BWL und Wirtschaftsinformatik, Johann Gutenberg-Universität Mainz 2000, S. 10.

167 Vgl. Berg, T./ Kirwin, W./ Redman, B.: TCO: A Critical Tool for Managing IT, online: Gartner Group Inc., 12.10.1998, p. 2.

168 Vgl. Berg, T./ Kirwin, W./ Redman, B.: TCO: A Critical Tool for Managing IT, online: Gartner Group Inc., 12.10.1998, p. 3.

169 Vgl. Cappuccio, D./ Kirwin, W./ Pawlick, S. Namasivayam: Total Cost of Ownership: Reducing PC/LAN Costs in the Enterprise, online: Gartner Group Inc., 09.02.1999, p.1.

170 Vgl. Hildreth, B./ Wheatman, V.: PKI Total Cost of Ownership: At What Cost This Effort?, online: Gartner Group Inc., 20.07.2001, p.1.

werden können. Falls diese SSO-Software nicht an bereits vorhandene Verzeichnisdienste in der Organisation angebunden werden kann, müssen noch Computer für die neu zu erstellenden Verzeichnisdienste bereitgestellt werden. Ebenfalls kann der Erwerb von Replikationsservern erwogen werden, um die Gefahr von Ausfällen und den damit verbundenen Kosten (4.2.1) zu mildern.[171] Die zweite Komponente dieses Kostenblocks bezieht sich auf biometrische Authentifikationsverfahren. Bei Einsatz eines der in 2.2.5 vorgestellten biometrischen Verfahren ist der Erwerb von entsprechender Hardware notwendig. So müssen beispielsweise Geräte zur Abtastung des Fingerabdrucks erworben werden, die schon für geringe Kosten zu erwerben sind, im Gegensatz zu anderen Verfahren, die zur Zeit noch hohe Hardwarekosten verursachen.[172]

4.1.3 Rolloutkosten

Unter Rolloutkosten soll hier das einmalige Aufspielen der notwendigen SSO-Komponenten auf die Klienten und Server verstanden werden.

Es ist allerdings anzuführen, dass bei webbasierten Lösungen in den allermeisten Fällen nur ein Rollout von serverseitiger Software durchgeführt werden muss, da webbasierte SSO-Lösungen als Frontend für den Benutzer die weit verbreiteten Webbrowser mit der zugehörigen Cookie Technologie verwenden.[173] Andernfalls muss hier doch ein Rollout der Browsersoftware erfolgen.

Bei desktopbasierten SSO-Lösungen hingegen müssen sowohl server- als auch klientenseitig die Programmkomponenten installiert werden.

Technisch gesehen existieren in größeren Firmen häufig Systeme, mit denen ein Rollout der nötigen Software automatisch durchgeführt wird.[174] Es ist in diesem Fall nicht mehr nötig, dass ein Administrator die Software manuell aufspielen muss. Durch den Einsatz solch eines Systems lassen sich Kosten und Zeit einsparen und -im

---

171 Vgl. Allen, Ant: Single Sign-On (SSO) and Authentication Management: Perspective, online: Gartner Group Inc., 09.07.2001, p.17.

172 Vgl. Schwiderski-Grosche, Scarlet: Usability of Biometrics in Relation to Electronic Signatures, online: Fraunhofer Institute for Secure Telecooperation SIT: http://sit.gmd.de/SICA/papers/WS_01/Beitrag_Schwiderski.pdf, S.2, [Stand: 14.11.2001].

173 Vgl. Carden, Philip; The New Face Of Single Sign-On, online: Network Computing: http://www.networkcomputing.com/shared/printArticle?article=nc/1006/1006f1full.html&pub=nwc, [Stand: 15.11.2001].

174 Vgl. Cappuccio, D./ Kirwin, W./ Pawlick, S. Namasivayam: Total Cost of Ownership: Reducing PC/LAN Costs in the Enterprise, online: Gartner Group Inc., 09.02.1999, p.14.

Gegensatz zu einer manuellen Installation- auch häufigere Versionswechsel durchführen.[175] Existiert solch ein System nicht, muss die Software manuell auf die Klienten aufgespielt werden, allerdings ist ein manueller Rollout nur bis zu einer gewissen Größe einer Organisation durchführbar.

Bei dem Rollout von Software handelt es sich also um Fixkosten, da die Bestandteile einer SSO-Software nur einmalig aufgespielt werden.

Allerdings könnten zu dem einmaligen Aufwand des Installierens von Software am Anfang der Nutung auch noch die nachfolgenden Aufwendungen für kostenpflichtige Updates, die in Kapitel 4.1.8 beschrieben werden, mit einbezogen werden. Unter Einbeziehung dieser regelmäßig wiederkehrenden Kosten kann dann von sprungfixen Kosten gesprochen werden.[176]

4.1.4 Engineering

Bevor die Bestandteile einer SSO-Lösung auf die Klienten und Server kopiert werden können, muss diese Software zuerst auf ihre Kompatibilität zu den in der Organisation verwendeten Computern und den zugehörigen Programmen geprüft werden.[177] Hierbei wird versucht, die realen Bedingungen nachzubilden, indem die in der Organisation benutzten Programme auf den verwendeten Standardcomputern installiert werden, und diese Umgebung dann auf ihre Kompatibilität zu der neuen SSO-Software getestet wird.

4.1.5 Konfigurierungskosten

Nachdem die SSO-Software auf ihre Kompatibilität getestet wurde, kann sie den individuellen Ansprüchen einer Organisation angepasst werden, indem die nötigen Einstellungen getroffen werden.[178] So muss z.B. die in 2.2.1 beschriebene Integration von Applikationen durch das Schreiben von Skripten oder die Nutzung der API-Schnittstellen eines Programms vorgenommen werden. Ferner müssen die im Unter-

---

175 Vgl. Berg, T./ Kirwin, W./ Redman, B.: TCO: A Critical Tool for Managing IT, online: Gartner Group Inc., 12.10.1998, p. 35.

176 Vgl. Walter, Wolfgang G.: Einführung in die moderne Kostenrechnung, 2. Auflage, Wiesbaden 2000, S. 44.

177 Vgl. Berg, T./ Kirwin, W./ Redman, B.: TCO: A Critical Tool for Managing IT, online: Gartner Group Inc., 12.10.1998, p. 16.

178 Vgl. Wellman, Frank: Software costing: an objective approach to estimating and controlling the cost of computer software, 1. Auflage, New York u.a. 1992, p. 132.

nehmen vorhandenen Verzeichnisdienste an die SSO-Software angebunden werden oder auch die Endgeräte zur Erkennung von biometrischen Daten installiert werden.

4.1.6 Pilotphase

Nachdem das Produkt unter Laborbedingungen geprüft und konfiguriert wurde, sollte im Rahmen einer Pilotphase das SSO-Produkt unter realen Bedingungen getestet werden.[179] Dieser Test kann z.B. mit einer begrenzten Anzahl von Benutzern in einer abgegrenzten Abteilung der Organisation durchgeführt werden. Aus diesem Test lassen sich praxisrelevantere Ergebnisse als in der Phase des Engineering gewinnen, da mögliche in der Organisation (unerlaubt) eingesetzte Hard- und Software vielleicht nicht berücksichtigt wurde. Aufgrund dieser Investitionen lassen sich im weiteren Betrieb Kosten vermeiden, die durch Fehler und die nötige Wartung entstehen.

4.1.7 Wartungsverträge

Um die Produkte immer auf dem aktuellen Stand zu halten und die Kompatibilität zu neuer Soft- und Hardware zu gewährleisten, können mit dem jeweiligen Hersteller der SSO-Software Wartungsverträge abgeschlossen werden, die eine Unterstützung mittels Updates der Software gewährleisten. Diese Wartungsverträge können sich auf einen unterschiedlich langen Zeitraum beziehen; in der Praxis sind Verträge mit einer Laufzeit von 3-5 Jahren üblich. Diese Updates lassen sich in größere und kleinere Updates aufteilen. Kleinere Updates können von großen Updates insofern unterschieden werden, dass ihre Kosten durch den Wartungsvertrag voll gedeckt werden, und sie ausschließlich Fehler beheben und die Anpassung an neue Soft- und Hardware ermöglichen. Größere Updates hingegen sind zusätzlich zum Wartungsvertrag kostenpflichtig und erweitern oft die Funktionalitäten der SSO-Software erheblich. In der Praxis erkennt man diese Unterscheidung an der Versionsnummer der jeweiligen Software. Kleinere Updates bedeuten eine Veränderung der nicht ganzzahligen Versionsnummer (z.B. von 4.0 zu 4.1), wogegen die großen Updates gleichbedeutend mit einem Sprung der ganzzahligen Versionsnummer sind. Die Höhe dieses Kostenblocks dürfte stark von Produkt zu Produkt variieren, da sie von der Frequenz von Updates abhängig ist und ex ante nur schwer zu bestimmen ist. Hier ist allerdings anzumerken, dass ein Update nicht nur Kosten der Allokation verursacht, sondern viel-

[179] Vgl. Wellman, Frank: Software costing: an objective approach to estimating and controlling the cost of computer software, 1. Auflage, New York u.a. 1992, p. 16.

mehr die in 3.1.4 und 3.1.6 beschriebenen Tests und die Pilotphase erfordert, damit die Kompatibilität zur bestehenden Hard- und Software gewährleistet ist.

4.1.8 Helpdeskkosten

Da trotz der Reduktion der Passwörter und der daraus resultierenden geringeren Kosten für den Helpdesk die Benutzer ihre Zugangsdaten immer noch vergessen können, muss ein Helpdesk eingerichtet werden, der die grundlegenden Funktionen des eingesetzten SSO-Produktes kennt und kleinere Änderungen sofort vornehmen kann (wie z.B. das Zurücksetzen eines vergessenen Passwortes).[180] Bei komplexeren Fragen kann diese Instanz als Vermittler dienen und die vorhandenen Probleme an die entsprechenden Ansprechpartner weiterleiten, die das vorliegende Problem dann beheben (siehe 4.1.10).

4.1.9 Schulungskosten

Die Antwort auf grundlegende Fragen sollte den Mitarbeitern durch den Helpdesk gewährt werden. Um aber die Anfragen an den Helpdesk so gering wie möglich zu halten, sollten die Mitarbeiter geschult werden. Um die Kosten im Rahmen des TCO-Ansatzes möglichst gering zu halten, bieten sich die sogenannten „Just-In-Time-Training-Tools“ (JITTT) an.[181] So kann der Benutzer die benötigten Informationen durch interaktive Webseiten oder Programmbestandteile erhalten. Eine Schulung mittels JITTT hat gegenüber klassischen Schulungen den Vorteil, dass die Information bei Bedarf immer verfügbar ist und die Geschwindigkeit der Schulung vom Benutzer selbst bestimmt werden kann.[182] Allerdings kann eine persönliche Schulung nicht immer durch ein Konzept wie JITTT ersetzt werden.[183] Da aber bei dem Einsatz einer SSO-Lösung die Komplexität des Anmeldevorganges für den Benutzer deutlich reduziert wird, ist hier eine Schulung mittels JITTT vollkommen ausreichend.

---

180 Vgl. Bonham, Michael B.: Not Another ID and Password – A Look at Single Sign-On, online: The Sans Institute: http://www.sans.org/infosecFAQ/authentic/sso.htm, [Stand: 18.11.2001].

181 Vgl. Kirwin, W.: Total Cost of Ownership: A Powerfull Management Tool, online: Gartner Group Inc., 31.05.1995, p.2.

182 Vgl. Cappuccio, D./ Kirwin, W./ Pawlick, S. Namasivayam: Total Cost of Ownership: Reducing PC/LAN Costs in the Enterprise, online: Gartner Group Inc., 09.02.1999, p.15.

183 Vgl. ebenda.

4.1.10 Wartungskosten

Da auch während des Betriebes Probleme mit einem SSO-Produkt auftreten können, die nicht mehr vom Helpdesk behoben werden können, müssen Mitarbeiter zur Verfügung stehen, die diese Probleme beheben können.[184] Insbesondere bei der in 2.2.12 bereits angesprochenen Problematik des Ausfalles der zentralen Komponente einer SSO-Software mit daraus resultierenden Authentifizierungsproblemen für die Mitarbeiter, ist eine schnellere Verfügbarkeit eines Technikers von großer Bedeutung.

4.1.11 Beratungskosten

Bevor die Implementierung einer SSO-Software erwogen wird, können Beratungskosten durch die interne EDV-Abteilung oder einen externen Dienstleister anfallen, die u.U. sehr hoch ausfallen.

4.2 Indirekte Kosten

Als indirekte Kosten werden die Kostenbestandteile bezeichnet, die nicht direkt zurechenbar sind.[185] Sie entstehen z.B. durch Ausfallzeit der IT-Infrastruktur sowie durch Zeiten, in denen der Anwender auf Unterstützung durch die IT-Abteilung wartet oder selbst Zeit für Aufgaben aufwendet, die eigentlich die IT-Abteilung übernehmen sollte.[186] Die indirekten Kosten des TCO-Modells werden von der Gartner Group als Maß für die Effizienz der Leistungen der IT-Abteilung betrachtet.[187] Wenn die IT-Abteilung effizient arbeitet, werden die Benutzer weder unproduktive Zeit aufgrund von Systemausfällen verbringen, noch Zeit für Aufgaben aufwenden, die eigentlich unter die Zuständigkeit der IT-Abteilung fällt. Dazu zählen z.B. Wartung der Hardware, Konfigurierung und Programmierung durch die Nutzer.[188]

---

184 Vgl. Feiman, J.: Application TCO Model – The Cost Framework, online: Gartner Group Inc., 22.07.1999, p. 2.

185 Vgl. Riepl, Ludwig: TCO versus ROI, in: Information Management, 2/1998, S.7.

186 Vgl. Berg, T./ Kirwin, W./ Redman, B.: TCO: A Critical Tool for Managing IT, online: Gartner Group Inc., 12.10.1998, p. 14.

187 Vgl. Herges, Sascha/ Wild, Martin: Total Cost of Ownership (TCO) – Ein Überblick, in: Arbeitspapiere WI, Nr. 1/2000, Hrsg.: Lehrstuhl für Allg. BWL und Wirtschaftsinformatik, Johann Gutenberg-Universität Mainz 2000, S. 11.

188 Vgl. Berg, T./ Kirwin, W./ Redman, B.: TCO: A Critical Tool for Managing IT, online: Gartner Group Inc., 12.10.1998, p. 12.

Allerdings ist die Erfassung dieser Kosten sehr schwierig, was sich an der häufigen Nichtbeachtung dieser Kosten zeigt.[189] Im folgenden werden die Kostenbestandteile einer SSO-Software betrachtet, die gemäß der Definition der Gartner Group zu der Kategorie der indirekten Kosten zuzurechnen sind.

4.2.1 Kosten für Ausfall des Systems

Wie schon bei den indirekten Kosten beschrieben, handelt es sich hier um die Zeit, die die Benutzer unproduktiv während eines Systemausfalles verbringen.[190] Werden alle Anmeldevorgänge von einer Single Sign-On-Software übernommen, bedeutet ein Ausfall dieser Software, dass niemand mehr auf die Applikationen zugreifen kann und folglich auch keine computergestützte Arbeit mehr durchgeführt werden kann.
Die ex ante Ermittlung und vor allem die Bewertung solcher Kosten ist äußerst schwierig und sollte deshalb mit Vorsicht gehandhabt werden. Als eine Lösungsmöglichkeit kann hier ein Vergleich der jeweiligen Produkte herangezogen werden, aus dem sich eine Ausfallwahrscheinlichkeit errechnen lässt. Diese Ausfallwahrscheinlichkeit wird dann mit den Kosten eines Ausfalles multipliziert.

4.2.2 Kosten durch Aufwendungen der Nutzer

Die Gartner Group stellt diesen Bestandteil der indirekten Kosten für eine IT-Infrastruktur als besonders relevant dar.[191] Allerdings ist er bei dem Einsatz einer SSO-Software als weniger relevant zu betrachten, da die SSO-Software den Benutzern den Prozess der Authentifikation deutlich erleichtert und Problempotentiale während dieses Vorganges abbaut. Anhand dieses Kostenblocks lässt sich laut des TCO-Modells von Gartner die Effizienz der IT-Abteilung bestimmen.[192]

---

189 Vgl. Berg, T./ Kirwin, W./ Redman, B.: TCO: A Critical Tool for Managing IT, online: Gartner Group Inc., 12.10.1998, p. 14.

190 Vgl. Herges, Sascha/ Wild, Martin: Total Cost of Ownership (TCO) – Ein Überblick, in: Arbeitspapiere WI, Nr. 1/2000, Hrsg.: Lehrstuhl für Allg. BWL und Wirtschaftsinformatik, Johann Gutenberg-Universität Mainz 2000, S. 11.

191 Vgl. Berg, T./ Kirwin, W./ Redman, B.: TCO: A Critical Tool for Managing IT, online: Gartner Group Inc., 12.10.1998, p. 13.

192 Vgl. Berg, T./ Kirwin, W./ Redman, B.: TCO: A Critical Tool for Managing IT, online: Gartner Group Inc., 12.10.1998, p. 2.

4.2.3 Kosten durch Festlegung auf einen Standard

Dieser Kostenblock wird von der Gartner Group nicht als Bestandteil der indirekten Kosten im Rahmen des TCO Modells aufgeführt, wird hier aber trotzdem den indirekten Kosten zugeordnet, da diese Kosten nur schwer zu erfassen und nicht direkt zugerechnet werden können.

Da eine Organisation sich mit dem Erwerb eine SSO-Software mit den jeweilig unterstützten Schnittstellen-Standards prinzipiell auf diese Standards festlegt, können hier ebenfalls Kosten nach der Anschaffung resultieren. Dieses ist der Fall, sobald z.B. eine Applikation in die SSO-Lösung eingebunden werden soll, die die (bisherigen) Schnitstellen-Standards dieser SSO-Applikation nicht unterstützt. Es lassen sich hier drei Situationen identifizieren, die möglicherweise zu den genannten Kosten führen.

Unterstützt eine SSO-Applikation nicht alle der vier in Kapitel 2.2.1 beschriebenen Standards, bedeutet die Integration einer Applikation, die auf einen nicht vorhandenen Standard aufbaut, einen Kostenaufwand.

Allerdings können auch bei Unterstützung der vier Standards Kosten dadurch entstehen, dass sich nach Erwerb des Produktes ein neuer Standard zur Integration von Applikationen durchsetzt, der dann nachträglich implementiert werden muss.

Eine ähnliche Situation ergibt sich bei der Integration von Verzeichnisdiensten. Auch hier können sich neue Standards zur Kommunikation durchsetzen, deren Implementierung ebenfalls Kosten verursacht.

4.3 Terminologiebetrachtung

Von der Gartner Group wird das Modell der Total Cost of Ownership in die beiden Kostenklassen der direkten und indirekten Kosten aufgeteilt. Dabei werden im englischsprachigen Artikel der Gartner Group die Bezeichnungen „direct costs“ und „indirect costs“ benutzt.[193] Da in deutschsprachigen Artikeln, die das TCO-Modell behandeln, als Übersetzung der Begriffe „direct costs“ und „indirect costs“ häufig die Terminologie der direkten und indirekten Kosten verwendet wird[194], wird auch in dieser Studie diese Übersetzung der englischsprachigen Begriffe verwendet.

193 Vgl. Berg, T./ Kirwin, W./ Redman, B.: TCO: A Critical Tool for Managing IT, online: Gartner Group Inc., 12.10.1998, p. 2.

194 Vgl. Heiniger, Jörg: Was kostet ein PC, online: Eidgenössische Technische Hochschule Zürich: http://www.id.ethz.ch/Publikationen/Input/input09/waskostet.html [Stand: 20.11.2001];

Allerdings lässt sich die von der Gartner Group verwendete Terminologie auch noch anders übersetzen, als dieses in den deutschen Artikeln der Fall ist. So kann der Begriff der „direct costs" ebenfalls als Einzelkosten und der Begriff der „indirect costs" als Gemeinkosten im Sinne der Kostentheorie übersetzt werden.[195] Diese Übersetzung der beiden Begriffe ist auch ökonomisch schlüssig. Einzelkosten sind definiert als Kosten, die direkt einem Kostenträger zurechenbar sind,[196] wogegen die Gemeinkosten als nicht direkt zurechenbar betrachtet werden.[197] Diese kostentheoretische Definition entspricht der von der Gartner Group verwendeten Beschreibung der Kostenklassen der „direct costs" und der „indirect costs", die oben bereits beschrieben wurden. Die beiden Kostenklassen des TCO-Modells könnten also in einer deutschen Übersetzung auch als Einzel- und Gemeinkosten bezeichnet werden.

4.4 Kritische Betrachtung des Total Cost of Ownership Modells der Gartner Group

Dem TCO-Modell wird bei der Erfassung der Kosten, die beim Erwerb und Betrieb einer IT-Infrastruktur entstehen, in der Literatur ein „höherer Realitätsbezug" als die konventionelle Kostenrechnung zugesprochen, da auch versteckte Kosten berücksichtigt werden.[198] Allerdings werden bei dem TCO-Modell der Gartner Group keine nutzenstiftenden Elemente betrachtet, die durch die Aufwendungen der in den TCO

Herges, Sascha/ Wild, Martin: Total Cost of Ownership (TCO) – Ein Überblick, in: Arbeitspapiere WI, Nr. 1/2000, Hrsg.: Lehrstuhl für Allg. BWL und Wirtschaftsinformatik, Johann Gutenberg-Universität Mainz 2000, S. 9;
Riepl, Ludwig: TCO versus ROI, in: Information Management, 2/1998, S.9.

195 Vgl. o.V.: Langenscheidts Handwörterbuch Englisch, 5. Auflage, Berlin u.a. 2000, S. 334;
o.V.: Leo Dictionary: online: Technische Universität München: http://dict.leo.org/?search=einzelkosten&searchLoc=0&relink=on&deStem=standard&lang=de, [Stand: 21.11.2001];
o.V.: Leo Dictionary: online: Technische Universität München: http://dict.leo.org/?search=gemeinkosten&searchLoc=0&relink=on&deStem=standard&lang=de, [Stand: 21.11.2001].

196 Vgl. Walter, Wolfgang G.: Einführung in die moderne Kostenrechnung, 2. Auflage, Wiesbaden 2000, S. 37.

197 Vgl. Pinnekamp, Heinz-Jürgen: Kosten- und Leistungsrechnung- Einführung in die interne Erfolgsrechnung, Kostenkontrolle und Entscheidungsrechnung, 2. Auflage, München; Wien; Oldenburg 1998, S.12.

198 Vgl. Herges, Sascha/ Wild, Martin: Total Cost of Ownership (TCO) – Ein Überblick, in: Arbeitspapiere WI, Nr. 1/2000, Hrsg.: Lehrstuhl für Allg. BWL und Wirtschaftsinformatik, Johann Gutenberg-Universität Mainz 2000, S. 27.

dargestellten Kosten in einer Organisation entstehen.[199] Diese fehlende Nutzenbetrachtung wird in der Literatur sehr kritisch betrachtet, da aus der reinen Kostenbetrachtung einer IT-Infrastruktur Programme zur Kostensenkung resultieren, denen aber keine Programme zur Leistungssteigerung gegenüberstehen.[200] Diese einseitige Betrachtungsweise des TCO-Modells der Gartner Group resultierte in Modellen, wie z.B. dem Total-Economic-Impact Modell der Giga Information Group, die die fehlende Betrachtung der Nutzenseite zu integrieren versucht.[201]

Diese Nachteile des TCO-Modells mindern aber nicht die Verwendbarkeit in dieser Untersuchung. Die in diesem Kapitel dargestellten Kosten werden, wie in dem TCO-Modell theoretisch beschrieben, zuerst isoliert betrachtet. Ihre Erhebung dient ausschließlich dem Vergleich mehrerer Single Sign-On Produkte, nicht aber der Wirtschaftlichkeitsanalyse einer SSO-Lösung durch eine Kosten-Nutzen Analyse. Da das TCO-Modell versucht, auch Kosten zu berücksichtigen, die mit klassischen Ansätzen nicht zu erfassen sind, ist es hervorragend geeignet, alle Kosten einer SSO-Software zu erheben.

---

199 Vgl. Riepl, Ludwig: TCO versus ROI, in: Information Management, 2/1998, S.10.

200 Vgl. Horges, Sascha/ Wild, Martin. Total Cost of Ownership (TCO) – Ein Überblick, in: Arbeitspapiere WI, Nr. 1/2000, Hrsg.: Lehrstuhl für Allg. BWL und Wirtschaftsinformatik, Johann Gutenberg-Universität Mainz 2000, S. 27.

201 Vgl. Gliedman, Chip: Total Economic Impact™: An Extension of the Basic Cost Model, Part 1, online: Giga Information Group, Planning Assumption, 13.10.2000, p.1.

5. Interdependenzbetrachtung

In diesem Kapitel sollen Interdependenzen zwischen den Kosten und den zugehörigen Funktionalitäten betrachtet werden. Wie sich in Kapitel 6 zeigt, werden die Kosten an der Ordinate des karthesischen Koordinatensystems als abhängige Variable abgetragen. Die Funktionalitäten finden sich hingegen als unabhängige Variable an der Abszisse des Entscheidungsunterstützungsmodells. Es stellt sich die Frage, inwiefern die Kosten durch die Funktionalitäten determiniert werden oder ob noch andere Variablen Einfluss auf die Kosten haben. Bei einer Determinierung der Kosten durch die Funktionalitäten kann weitergehend betrachtet werden, wie stark der Einfluss einzelner Funktionalitäten auf die Kosten eines SSO-Produktes ist. Es ist denkbar, dass einzelne Funktionalitäten einen besonders starken Einfluss auf die Kosten ausüben, wogegen andere Funktionalitäten eher vernachlässigbare Werte aufweisen.

5.1 Grundlagen der Regressionsanalyse

Diese Fragen sollen mittels einer Regressionsanalyse geklärt werden. Die Regressionsanalyse ist ein Verfahren, mit deren Hilfe Zusammenhänge erkannt und erklärt werden können und weiterhin die Werte der zu erklärenden Variable prognostiziert werden können.[202] Die Regressionsanalyse betrachtet den Zusammenhang zwischen einer abhängigen (Regressand) und einer oder mehreren unabhängigen Variablen (Regressoren), die beide metrisch skaliert sein müssen.[203] Im vorliegenden Fall ist die abhängige Variable durch die Kosten bestimmt und die unabhängigen Variablen durch die Funktionalitäten. Da die Funktionalitäten nicht metrisch skaliert sind, müssen diese in binäre Variablen zerlegt werden.[204]

Bei der Regressionsanalyse wird aus der Grundgesamtheit eine Stichprobe gezogen, deren Aussage sich in einer Regressionsfunktion darstellen lässt.[205] Für die vorliegende Abhängigkeit zwischen den Kosten einer SSO-Software und deren Funktionalitäten ist die Grundgesamtheit durch die Zahl aller SSO-Produkte bestimmt, aus denen eine Stichprobe in Form einer bestimmten Anzahl von SSO-Produkten mit ihren

---

202 Vgl. Backhaus, Klaus/ Erichson, Bernd/ Plinke, Wulff/ Weiber, Rolf: Multivariate Analysemethoden: eine anwendungsorientierte Einführung, 9. Auflage, Berlin u.a. 2000, S. 2.

203 Vgl. Hammann, P./ Erichson, B.: Marktforschung, 4. Auflage, Stuttgart 2000, S. 297.

204 Vgl. Bleymüller, J./ Gehlert, G./ Gülicher, H.: Statistik für Wirtschaftswissenschaftler, 12. Auflage, München 2000, S. 178.

205 Vgl. Backhaus, Klaus/ Erichson, Bernd/ Plinke, Wulff/ Weiber, Rolf: Multivariate Analysemethoden: eine anwendungsorientierte Einführung, 9. Auflage, Berlin u.a. 2000, S. 6.

Funktionalitäten gezogen wird. Formel 17 stellt eine lineare Regressionsfunktion der Stichprobe beispielhaft dar. Die Errechnung dieser Regressionsfunktion der Stichprobe ist ein aufwendiges Verfahren, dessen Erläuterung hier zu weit führen würde. Aufgrund der Komplexität kann die Berechnung der Regressionsfunktion der Stichprobe mit statistischer Software wie z.B. den Programmen SPSS oder SAS durchgeführt werden.[206]

$$Y = b_0 + b_1X_1 + b_2X_2 + \varepsilon$$

Formel 17: Regressionsfunktion

Man erkennt hier die abhängige Variable Y, die durch die unabhängigen Variablen X_1 und X_2 determiniert werden. Weiterhin weist Formel 17 die Regressionskoeffizienten b_0, b_1 und b_2 auf, deren Bedeutung in Kapitel 5.3 näher erörtert wird. Hier sei nur auf das konstante Glied b_0 verwiesen, das für das vorliegende Beispiel der Abhängigkeit zwischen Kosten und Funktionalitäten ökonomisch nicht zu interpretieren ist. Wären im vorliegenden Beispiel die unabhängige Variablen X_1 und X_2 gleich 0, was bedeuten würde, dass keine Funktionalitäten vorliegen, würden immer noch die Kosten Y in Höhe von b_0 anfallen. Zusätzlich zu den beschriebenen Variablen enthält Formel 17 noch die Residuen ε, die die Abweichungen erfassen, die nicht durch die Regressoren abgedeckt werden.[207]

5.2 Bestimmung der Regressionsfunktion

Bevor aber eine Untersuchung der Variablen durchgeführt werden kann, muss zuerst die Form der Beziehung zwischen der abhängigen Variable der Kosten und den unabhängigen Variablen der Funktionalitäten überprüft werden. Ökonomisch sinnvoll ist hier ein Zusammenhang, der impliziert, dass eine Zunahme der Funktionalitäten eine Zunahme der Kosten verursacht. Andere Wirkzusammenhänge, die bei einer Zunahme der Menge einer metrisch skalierten Eigenschaft oder der Zunahme an Eigenschaften allgemein sinkende Preise implizieren, lassen sich ökonomisch nicht vertreten, da die zusätzliche Produktion einer Einheit eines Gutes immer (wenn auch

[206] Vgl. Kleekamp, Norbert: Die Statistikpakete SPSS und SAS, online: Bauhaus-Universität Weimar: http://www.uni-weimar.de/SAGS/H2_95/spss.html, [Stand: 23.11.2001].

[207] Vgl. Backhaus, Klaus/ Erichson, Bernd/ Plinke, Wulff/ Weiber, Rolf: Multivariate Analysemethoden: eine anwendungsorientierte Einführung, 9. Auflage, Berlin u.a. 2000, S. 13.

unter bestimmten Umständen geringe) Kosten verursacht. Somit kann hier nur von dem eingangs erwähnten Wirkzusammenhang ausgegangen werden.
Zur grafischen Darstellung verschiedener ökonomisch möglicher Zusammenhänge sollen hier drei verschiedene Regressionsfunktionen dargestellt werden. Um diese Regressionsfunktionen grafisch darstellen zu können, wird hier nur von einer unabhängigen Variablen ausgegangen, damit die Funktionen im zweidimensionalen Raum gezeichnet werden können. In Abbildung 8 bis 10 erkennt man die drei verschiedenen Regressionsfunktionen und die zugehörige grafische Darstellung. Die dargestellten Regressionsfunktionen mit der abhängigen Variable Y und den Regressionskoeffizienten b_0 und b_1 unterscheiden sich nur durch die unabhängige Variable X, die die jeweils unterschiedlichen Verläufe der Regressionsfunktionen determiniert.

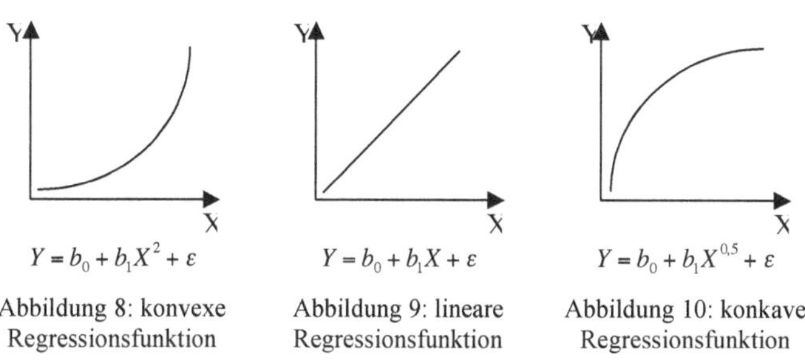

$Y = b_0 + b_1 X^2 + \varepsilon$ — Abbildung 8: konvexe Regressionsfunktion

$Y = b_0 + b_1 X + \varepsilon$ — Abbildung 9: lineare Regressionsfunktion

$Y = b_0 + b_1 X^{0,5} + \varepsilon$ — Abbildung 10: konkave Regressionsfunktion

Wenn man davon ausgeht, dass der Regressand Y die Kosten und der Regressor X eine metrisch skalierte Funktionalität darstellt, würde eine Zunahme der Funktionalität eine überproportionale Zunahme der Kosten bedeuten. Dieses ist recht unwahrscheinlich, da aufgrund von fixen Kostenbestandteilen eher mit einer Abnahme der Kosten bei Zunahme der Funktionalitäten zu rechnen ist. Weiterhin ist nicht davon auszugehen, dass die Lizenzkosten wie in Abbildung 8 dargestellt überproportional zu der Zunahme von Funktionalitäten steigen würden, da eine Single Sign-On-Software ein abgeschlossenes Produkt ist, das nicht ohne Begrenzung erweitert werden kann. Selbst eine lineare Abhängigkeit der Kosten von den Funktionalitäten erscheint ökonomisch fragwürdig, da dieser Zusammenhang implizieren würde, dass die Kosten durch konstante Zunahme an Funktionalitäten gesteigert werden könnten, wie dieses z.B. bei Softwarepaketen mit vielen Einzelbestandteilen wie z.B. einem Office-Paket der Fall ist. Aus diesem Grund soll hier von einer konkaven Regressionsfunktion ausgegangen werden, wie sie in Abbildung 10 dargestellt ist. Um diese nichtlineare Form der Regressionsfunktion zu analysieren und die statistischen Mittel der linearen Regression anwenden zu können, kann sie mittels einer logarithmischen Transformation in eine lineare Regressionsfunktion transformiert werden.[208]

5.3 Interpretation der Regressionskoeffizienten

Die Regressionskoeffizienten werden mit der „Methode der kleinsten Quadrate" ermittelt, die die Summe der quadrierten Abweichungen minimiert.[209] Die so erhaltenen Regressionskoeffizienten zeigen an, wie stark sich eine Funktionalität auf die Kosten auswirkt. Sie müssen nicht mehr standardisiert werden, da alle Funktionalitäten des vorliegenden Beispieles auf der gleichen Skala gemessen werden.[210] So kann an der Höhe der jeweiligen Regressionskoeffizienten abgelesen werden, welchen Einfluss die jeweilige Funktionalität auf die Kosten hat.[211] Es gilt hier: je höher der Wert des Regressionskoeffizienten, desto höher ist der Einfluss der Funktionalität auf den Preis. Es lässt sich hieraus also deutlich erkennen, wie stark sich die einzelnen Funktionalitäten auf die Kosten auswirken. Weiterhin lassen sich auch Kosten für das jeweilige SSO-Produkt in Abhängigkeit von den jeweils vorhanden Funktionalitäten schätzen.[212]

5.4 Überprüfung der Güte der Regressionsfunktion

Wenn die Regressionsfunktion der Stichprobe bekannt ist, sind noch Untersuchungen über die Güte dieser Funktion durchzuführen. So wird in einer globalen Prüfung festgestellt, ob und wie gut die abhängige Variable durch die unabhängigen Variablen

---

208 Vgl. Elpelt, Bärbel/ Hartung, Joachim: Multivariate Statistik – Lehr- und Handbuch der angewandten Statistik, 5. Auflage, München; Wien; Oldenburg 1995, S. 79;
Hippmann, Hans-Dieter: Statistik für Wirtschafts- und Sozialwissenschaftler, 1. Auflage, Stuttgart 1994, S. 123;
Sachs, Lothar: Angewandte Statistik – Anwendung statistischer Methoden, 9. Auflage, Berlin u.a. 1999, S. 563.

209 Vgl. Gupta, Sunil/ Lehmann, Donald/ Steckel, Joel H.: Marketing Research, 1. Auflage, 1998, S. 474.

210 Vgl. Backhaus, Klaus/ Erichson, Bernd/ Plinke, Wulff/ Weiber, Rolf: Multivariate Analysemethoden: eine anwendungsorientierte Einführung, 9. Auflage, Berlin u.a. 2000, S. 18.

211 Vgl. Hippmann, Hans-Dieter: Statistik für Wirtschafts- und Sozialwissenschaftler, 1. Auflage, Stuttgart 1994, S. 118.

212 Vgl. Backhaus, Klaus/ Erichson, Bernd/ Plinke, Wulff/ Weiber, Rolf: Multivariate Analysemethoden: eine anwendungsorientierte Einführung, 9. Auflage, Berlin u.a. 2000, S. 16.

erklärt wird. Weiterhin kann überprüft werden, ob und wie gut die einzelnen unabhängigen Variablen die abhängige Variable beschreiben.

5.4.1 Globale Überprüfung der Regressionsfunktion

Mit dem Bestimmtheitsmass r^2 wird gemessen, wie gut sich die erhaltene Regressionsfunktion an die empirisch erhobenen Daten anpasst.[213] Dabei sind die Residuen, die die nicht durch die unabhängigen Variablen erklärten Abweichungen darstellen, von besonderer Bedeutung. Je geringer die Residuen sind, desto besser ist die Anpassung der Regressionsgeraden an die empirisch erhobenen Daten.[214] Das Bestimmtheitsmaß ist normiert zwischen 0 und 1.[215] Eine besonders gute Anpassung der erhaltenen Regressionsfunktion wird sich mit einem sehr großen Wert nahe 1 zeigen, wogegen eine besonders schlechte Anpassung ein sehr niedriges Bestimmtheitsmaß nahe 0 zur Folge hat.[216] Ein sehr hohes Bestimmtheitsmaß r^2 bei einer Abhängigkeit zwischen Kosten und Funktionalitäten bedeutet eine gute Erklärung der Kosten durch die Funktionalitäten. Ein sehr kleines Bestimmtheitsmaß deutet darauf hin, dass es noch andere Komponenten außer den Funktionalitäten gibt, die die Kosten beeinflussen. So wäre denkbar, dass Einflüsse, wie z.B. das Prestige eines Anbieters von Single Sign-On-Software in den Kostenblock der Lizenzkosten mit einfließen und so die Gesamtkosten beeinflussen.

Die oben dargestellten Regressionsfunktionen der Stichprobe lassen nur Rückschlüsse auf die Zusammenhänge innerhalb der Stichprobe zu. Sollen allerdings in einer empirischen Untersuchung die Zusammenhänge in der Grundgesamtheit untersucht werden, muss die Regressionsfunktion der Stichprobe auf ihre Gültigkeit für die Grundgesamtheit geprüft werden. Diese Untersuchung wird mit dem sogenannten F-Test durchgeführt.[217] Die Regressionsfunktion der Stichprobe kann als Realisation der „wahren" Regressionsfunktion der Grundgesamtheit betrachtet werden. Besteht

---

213 Vgl. Hippmann, Hans-Dieter: Statistik für Wirtschafts- und Sozialwissenschaftler, 1. Auflage, Stuttgart 1994, S. 126.

214 Vgl. Backhaus, Klaus/ Erichson, Bernd/ Plinke, Wulff/ Weiber, Rolf: Multivariate Analysemethoden: eine anwendungsorientierte Einführung, 9. Auflage, Berlin u.a. 2000, S. 21.

215 Vgl. Hammann, P./ Erichson, B.: Marktforschung, 4. Auflage, Stuttgart 2000, S. 302.

216 Vgl. Backhaus, Klaus/ Erichson, Bernd/ Plinke, Wulff/ Weiber, Rolf: Multivariate Analysemethoden: eine anwendungsorientierte Einführung, 9. Auflage, Berlin u.a. 2000, S. 22.

217 Vgl. Backhaus, Klaus/ Erichson, Bernd/ Plinke, Wulff/ Weiber, Rolf: Multivariate Analysemethoden: eine anwendungsorientierte Einführung, 9. Auflage, Berlin u.a. 2000, S. 24.

zwischen den Regressionskoeffizienten der Stichprobe und den „wahren“ Regressionskoeffizienten der Grundgesamtheit ein Zusammenhang, müssen die Werte der Regressionskoeffizienten der Grundgesamtheit ungleich null sein.[218] Die Formulierung der Nullhypothese, dass kein Zusammenhang zwischen den Regressionskoeffizienten der Stichprobe und der Grundgesamtheit besteht, erlaubt die Prüfung, ob die Regressionsfunktion der Stichprobe repräsentativ für die Grundgesamtheit ist.[219] Die Berechnung erfolgt hier über den F-Test, der einen empirischen F-Wert mit einem kritischen Wert vergleicht. Sobald der aus der Stichprobe gewonnene empirische Wert größer als der tabellierte F-Wert ist, kann die Nullhypothese verworfen werden[220], und der Zusammenhang der Regressionsfunktion der Stichprobe kann als signifikant erachtet werden.[221]

5.4.2 Überprüfung einzelner Regressionskoeffizienten

Nachdem die globalen Prüfungen abgeschlossen sind, stellt sich die Frage, wie und in welchem Umfang einzelne unabhängige Variablen die abhängige Variable bestimmen.[222] Sollte sich anhand des T-Testes zeigen, dass eine der unabhängigen Variablen keinen Erklärungsbeitrag zu der Abhängigen liefert, ist sie aus der Regressionsgleichung zu entfernen. Die Errechnung des T-Testes erfolgt analog zu der des F-Testes, indem ein empirischer T-Wert mit einem tabellierten verglichen wird. Ist der empirische T-Wert größer als der tabellierte Wert, kann die aufgestellte Nullhypothese verworfen werden und der Zusammenhang zwischen der untersuchten unabhängigen Variable und der abhängigen Variable ist als signifikant zu erachten.[223]

---

218 Vgl. Backhaus, Klaus/ Erichson, Bernd/ Plinke, Wulff/ Weiber, Rolf: Multivariate Analysemethoden: eine anwendungsorientierte Einführung, 9. Auflage, Berlin u.a. 2000, S. 25.

219 Vgl. ebenda.

220 Vgl. Sachs, Lothar: Angewandte Statistik – Anwendung statistischer Methoden, 9. Auflage, Berlin u.a. 1999, S. 347.

221 Vgl. Backhaus, Klaus/ Erichson, Bernd/ Plinke, Wulff/ Weiber, Rolf: Multivariate Analysemethoden: eine anwendungsorientierte Einführung, 9. Auflage, Berlin u.a. 2000, S. 28.

222 Vgl. Backhaus, Klaus/ Erichson, Bernd/ Plinke, Wulff/ Weiber, Rolf: Multivariate Analysemethoden: eine anwendungsorientierte Einführung, 9. Auflage, Berlin u.a. 2000, S. 19.

223 Vgl. Backhaus, Klaus/ Erichson, Bernd/ Plinke, Wulff/ Weiber, Rolf: Multivariate Analysemethoden: eine anwendungsorientierte Einführung, 9. Auflage, Berlin u.a. 2000, S. 31.

6. Zusammenführung der Elemente im Modell zur Entscheidungsunterstützung

Nachdem in den Kapiteln 2 und 4 die beiden relevanten Elemente einer Single Sign-On-Software zur Klassifikation beschrieben wurden, werden sie nun abschließend in diesem Kapitel in einem karthesischen Koordinatensystem abgetragen, um einen Vergleich mehrerer SSO-Produkte vornehmen zu können. Bevor aber zur Darstellung der Funktionsweise des Entscheidungsunterstützungsmodells drei verschiedene SSO-Produkte in das Koordinatensystem eingeordnet werden können, sollen zuerst kurz die in den vorherigen Kapiteln dargestellten Schritte aufgezeigt werden, die es ermöglichen, einem SSO-Produkt zwei Werte zur Einordnung in das Entscheidungsunterstützungsmodell zuzuordnen.

6.1 Vorauswahl der SSO-Software

Bevor einzelne SSO-Produkte untersucht werden, ist es ratsam, eine Vorauswahl der am Markt befindlichen Produkte zu treffen. Im weiteren Vorgehen reduziert eine Auswahl der für eine Organisation relevanten SSO-Produkten den Arbeitsaufwand und somit die Kosten.
Es sollen hier die drei fiktiven SSO-Produkte A, B und C aus der Grundgesamtheit aller SSO-Produkte in das Entscheidungsunterstützungsmodell eingeordnet und verglichen werden.

6.2 Überprüfung der Produkte auf ihre Funktionalitäten

Nachdem eine Auswahl an SSO-Produkten getroffen wurde, müssen diese auf ihre Funktionalitäten überprüft werden. Es lassen sich hier zwei verschiedene Untersuchungsmöglichkeiten unterscheiden. Anhand der von den Herstellern veröffentlichten sogenannten „White Paper" und Betriebsanleitungen des jeweiligen Produktes kann eine Untersuchung der Funktionalitäten vorgenommen werden. Der Vorteil solch eines Vorgehens ist der geringe Arbeitsaufwand und das schnell erzielte Ergebnis, da lediglich die erhältlichen Unterlagen betrachtet werden müssen. Allerdings sind die von den Herstellern veröffentlichten „White Paper" durch ihren Werbecharakter nur selten eine objektive Informationsquelle. Einen höheren Informationsgehalt haben häufig die Betriebsanleitungen, da dort Funktionalitäten und ihre Konfigurationsmöglichkeiten näher beschrieben werden. Allerdings sind diese nur selten frei verfügbar und lassen auch keinen sicheren Rückschluss auf die genauen Ausprägungen der Funktionalitäten zu.

Einen sichereren Ansatz zur Überprüfung der Funktionalitäten bietet eine Testinstallation der SSO-Produkte. Diese Testinstallation ist aber mit deutlich höheren Kosten als die rein theoretische Betrachtung der Produktbeschreibungen verbunden. In Tabelle 11 findet sich das Ergebnis der Untersuchung der drei fiktiven SSO-Produkte A, B und C auf ihre Funktionalitäten in den Spalten 2-4.

6.3 Ermittlung der Gewichtungsfaktoren

Zur Feststellung der Gewichtungsfaktoren kann zwischen dem statistisch exakten zweistufigen Verfahren und dem pragmatisch orientierten einstufigen Gewichtungsverfahren gewählt werden. Hierbei muss die Zielsetzung des Entscheidungsunterstützungsmodells beachtet werden. Wird eine schnelle und kostengünstige Entscheidungshilfe benötigt, stellt das pragmatisch orientierte einstufige Verfahren den optimalen Ansatz dar, andernfalls kann das zweistufige Verfahren gewählt werden. Die fiktiven Gewichtungsfaktoren finden sich in Tabelle 11 in Spalte 5.

Funktionalität	*Prod. A*	*Prod. B*	*Prod. C*	*Gew.-faktoren*	*Kum. gew. Funkt.werte Prod. A*	*Kum. gew. Funkt.werte Prod. B*	*Kum. gew. Funkt.werte Prod. C*
Password-Policy	1	1	1	0,04	0,04	0,04	0,04
Rollenkonzept	0	1	1	0,02	0,04	0,06	0,06
Hierarchische Administration	0	0	1	0,03	0,04	0,06	0,09
Admin. darf Nutzerdt. nicht man.	1	0	1	0,05	0,09	0,06	0,14
Einheitliche Oberfläche	0	0	1	0,02	0,09	0,06	0,16
Support	1	0	0	0,02	0,11	0,06	0,16
Unterstützte Produkte	1	1	1	0,10	0,21	0,16	0,26
Unterstützung von Verzeichnisdiensten	1	1	1	0,10	0,31	0,26	0,36
Verschlüsselung	1	0	1	0,04	0,35	0,26	0,40
Erweiterung der SSO Softw.auf PKI	0	0	1	0,03	0,35	0,26	0,43
Biometrische Ver-	0	0	1	0,05	0,35	0,26	0,48

fahren							
Skalierbarkeit	0	1	0	0,02	0,35	0,28	0,48
Externer Zugriff	0	0	1	0,01	0,35	0,28	0,49
Protokolldatei	1	0	1	0,05	0,40	0,28	0,54
Directory Mapping	0	1	0	0,02	0,40	0,30	0,54
Erweiterte Nutzer-daten	0	1	0	0,01	0,40	0,31	0,54
Replizierung	1	0	1	0,08	0,48	0,31	0,62
Zentrale Speiche-rung	1	1	1	0,04	0,52	0,35	0,66
Ressourcen-Überwachung	0	0	1	0,06	0,52	0,35	0,72
Einmal-Passwörter	0	0	1	0,02	0,52	0,35	0,74
Selbstregistrierung	1	0	0	0,07	0,59	0,35	0,74
Passwortgenerie-rung	1	0	0	0,04	0,63	0,35	0,74
Getrennter Modus	0	1	1	0,02	0,63	0,37	0,76
Anmeldehinweis	0	0	1	0,01	0,63	0,37	0,77
Applikationsaus-wahl	1	0	0	0,05	0,68	0,37	0,77
				∑ 1,00	**0,68**	**0,37**	**0,77**

Tabelle 11: Funktionalitätenwerte, Gewichtungsfaktoren und kumulierte, gewichtete Funktionalitätenwerte der fiktiven SSO-Produkte A, B und C

6.4 Bestimmung der kumulierten, gewichteten Funktionalitätenwerte

Die Funktionalitätenwerte des jeweiligen SSO-Produktes werden mit dem entsprechenden Gewichtungsfaktor multipliziert und diese addieren sich dann zu den kumulierten, gewichteten Funktionalitätenwerten, die in Tabelle 11 in den Spalten 6 bis 8 abgetragen werden. Im vorliegenden Beispiel ergibt sich für das SSO-Produkt A ein kumulierter, gewichteter Funktionalitätenwert von 0,68, für das Produkt B ein Wert von 0,37 und für Produkt C ein Wert von 0,77.

Diese drei Werte können auf der Abszisse des karthesischen Koordinatensystems in Abbildung 9 abgetragen werden.

6.5 Bestimmung der Total Cost of Ownership

Nachdem die kumulierten, gewichteten Funktionalitätenwerte bestimmt sind, fehlen nur noch die Kosten, die in Kapitel 4 betrachtet wurden. Die Kosten der einzelnen Kostenträger werden summiert und der jeweilige Wert eines Produktes an der Ordinate des karthesischen Koordinatensystems, wie in Abbildung 11 ersichtlich, abgetragen. Für das Produkt A und B entstehen im vorliegenden Beispiel Kosten in Höhe von 300.000 €, wogegen das Produkt C mit Kosten von 500.000 € etwas teurer ist.

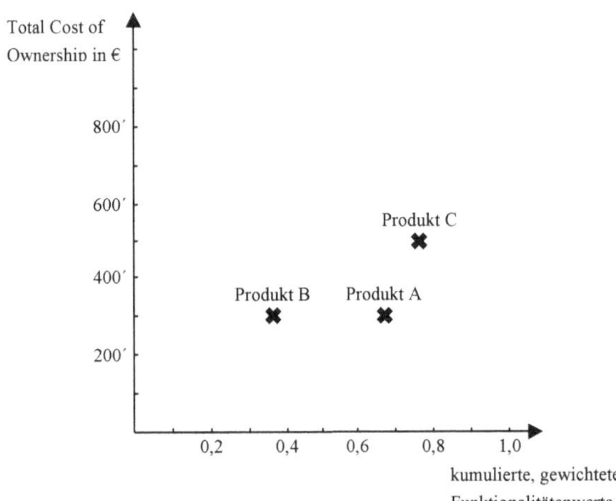

Abbildung 11: Darstellung der fiktiven Produkte A, B und C im karthesischen Koordinatensystem

6.6 Interpretation des Entscheidungsunterstützungsmodells

In Abbildung 11 erkennt man die drei Produkte A, B und C mit den oben bestimmten Werten. An der Ordinate werden die mittels der Methode der Total Cost of Ownership ermittelten Kosten abgetragen, wogegen die zwischen 0 und 1 normierten kumulierten, gewichteten Funktionalitätenwerte an der Abszisse abgetragen werden. Man kann anhand des Koordinatensystems erkennen, dass die Produkte A und B die gleichen Kosten von 300.000 € aufweisen, ihre kumulierten, gewichteten Funktionalitätenwerte aber mit 0,68 für Produkt A und 0,37 für Produkt B sehr unterschiedlich sind. Produkt C weist mit 500.000 € höhere Kosten auf als Produkt A und B. Man erkennt sofort, dass Produkt A Produkt B dominiert, da es bei gleichen Kosten einen deutlich höheren kumulierten, gewichteten Funktionalitätenwert aufweist. Produkt A kann also Produkt B gemäß der ermittelten individuellen Präferenzen und deren Berücksichtigung als Gewichtungsfaktor vorgezogen werden. Nach dem Ausschluss von Produkt B stellt sich die Frage, ob eines der verbleibenden Produkte das andere dominiert. Hier lässt sich leider nicht ohne weiteres eine Aussage treffen, da Produkt C zwar einen größeren kumulierten, gewichteten Funktionalitätenwert als Produkt A aufweist, aber ebenfalls auch höhere Kosten verursacht. Zwischen diesen Produkten kann nur eine Entscheidung anhand der individuellen Situation getroffen werden.

C. Schluss

In dieser Studie wird ein Entscheidungsunterstützungsmodell gezeigt, mit dessen Hilfe mehrere Single Sign-On Produkte unter Berücksichtigung verschiedener Präferenzen miteinander verglichen werden.
Zuerst aber erfolgt eine Einordnung der Klasse der SSO-Softwareprodukte in das 4A-Framework. Dieses Framework wird durch vier Sicherheitselemente determiniert, die eine Einordnung jeder Sicherheitssoftware ermöglichen.
Es handelt sich dabei um die Elemente der Authentifikation, die eine Identifikation eines Nutzers über ein einmaliges Merkmal erlaubt, der Autorisation, die die Rechteverwaltung organisiert, der Administration, die die Verwaltung und Anpassung von Benutzerdaten regelt und des sog. Audit, das eine Überwachung der vorherigen drei Prozesse ermöglicht. Aufgrund der Eigenschaften einer SSO-Software kann diese eindeutig dem Element der Authentifikation zugeordnet werden, da es sich hier um die Kernaufgabe einer SSO-Software handelt. Allerdings können in Einzelfällen auch SSO-Produkte aufgrund von selten verwendeten Funktionalitäten anderen Elementen zugeordnet werden.
Die Hauptaufgabe der Funktionalitäten besteht aber in dem Vergleich mehrer SSO-Produkte in dem Entscheidungsunterstützungsmodell. Es wurden insgesamt 25 Funktionalitäten identifiziert, die eine Single Sign-On-Software definieren. Diese 25 Funktionalitäten werden in die drei Klassen der administrativen, technischen und benutzerbezogenen Funktionalitäten aufgeteilt. Dabei hat die Klasse der technischen Funktionalitäten mit 14 Bestandteilen den größten Anteil, gefolgt von der Klasse der administrativen Funktionalitäten mit sechs Bestandteilen und der Klasse der benutzerbezogenen Funktionalitäten mit fünf Bestandteilen.
Bei der Betrachtung der technischen Funktionalitäten stehen u.a. die Schnittstellen einer SSO-Lösung im Vordergrund, die die Integration von bestehenden Applikationen in einer Organisation ermöglichen, die Einbindung von vorhandenen Verzeichnisdiensten gewährleisten, die Kompatibilität zu biometrischen Verfahren herstellen oder aber auch die Anbindung einer SSO-Software an PKI-Strukturen ermöglichen. Weiterhin werden auch Überwachungselemente und Probleme der Skalierbarkeit angesprochen. Bei den administrativen Funktionalitäten liegt der Betrachtungsschwerpunkt auf grundlegenden Sicherheits- und Organisationsmerkmalen wie z.B. die Passwortrichtlinien, Rollenkonzepte und Administrationsstrukturen. Die benutzerbezogenen Funktionalitäten hingegen enthalten hauptsächlich Elemente, die den Kom-

fort für der Nutzer verbessern sollen, damit aber auch automatisch zur Kostenreduktion beitragen. Hier sind insbesondere die Elemente der automatischen Passwortgenerierung, der Selbstregistrierung der Benutzer an den einzelnen Applikationen und die Möglichkeit Applikationen von den Funktionen einer SSO-Software auszuschließen, zu nennen.

Da diese Funktionalitäten als eines der beiden Elemente in das Entscheidungsunterstützungsmodell einfließen, müssen die Präferenzen für die einzelnen Funktionalitäten berücksichtigt werden. Die Berücksichtigung der Präferenzen erfolgt über eine unterschiedliche Gewichtung der einzelnen Funktionalitäten. In dieser Untersuchung werden zwei verschiedene Gewichtungsansätze dargestellt; ein exakter statistischer Ansatz, der aber in der Anwendung sehr aufwendig ist und ein pragmatisch orientierter Ansatz, dessen Durchführung deutlich einfacher ist. Der formalstatistische Ansatz ist in zwei Stufen aufgebaut, wobei in der ersten Stufe die Erhebung der Gewichtungsfaktoren für die drei Klassen der Funktionalitäten mittels der Conjointanalyse durchgeführt wird. Anschließend werden die einzelnen Funktionalitäten innerhalb der Klassen mit Hilfe des „Law of Comparative Judgement" erhoben. Die resultierenden intervallskalierten Daten werden mit einer Heuristik in die Gewichtungsfaktoren der einzelnen Funktionalitäten überführt. Der anschließend dargestellte pragmatisch orientierte Ansatz greift zur Erhebung der Präferenzen auf einen Fragebogen zurück, der auf einer Erweiterung des paarweisen Vergleichs von verschiedenen Eigenschaften beruht. Diese beiden Gewichtungsansätze ermöglichen eine Präferenzerhebung in den unterschiedlichsten Situationen. Für eine exakte, aber auch aufwendige und teure Präferenzerhebung eignet sich der zweistufige formalstatistische Ansatz. Sollen hingegen die Daten kostengünstig und schnell erhoben werden, kann auf den pragmatisch orientierten zweistufigen Ansatz zurückgegriffen werden.

Um eine SSO-Software zu klassifizieren, sind neben den Funktionalitäten noch die Kosten als zweites Element des Entscheidungsunterstützungsmodells von Bedeutung. Da aber eine SSO-Software nicht nur Lizenzkosten verursacht, wird hier das Modell der Total Cost of Ownership der Gartner Group verwendet, um alle Kostenelemente zu identifizieren. Die einzelnen Kostenträger werden in diesem Modell direkten und indirekten Kosten zugeteilt. Die direkten Kosten werden als Aufwendungen definiert, die einem Kostenträger direkt zurechenbar sind; wogegen die indirekten Kosten sich auf nicht direkt zurechenbare Aufwendungen beziehen. Für Single Sign-On-Software konnten insgesamt elf direkte Kostenelemente ermittelt werden, wobei diese Elemente wie z.B. Lizenzkosten, Hardwarekosten, Aufwendungen für Installation und Konfiguration und Anpassung der vorhandenen Systeme an die Single Sign-On-Software beinhalten. Die Ermittlung der indirekten Kosten ist dagegen ungleich schwieriger, allerdings kann hier hervorgehoben werden, dass einerseits durch einen Ausfall des SSO-Systems keine computergestützte Arbeit mehr möglich ist, andererseits aber aus der Entlastung durch das SSO-System eine Konzentration der Mitarbeiter auf ihre Kernkompetenz resultiert.

In der anschließenden Interdependenzbetrachtung zwischen den Kosten und den Funktionalitäten wird deutlich, ob und wie stark sich einzelne Funktionalitäten auf den Preis auswirken. Dazu werden für eine Regressionsanalyse die Kosten als abhängige Variable definiert, die durch die unabhängigen Variablen der Funktionalitäten determiniert wird.

Das Entscheidungsunterstützungsmodell resultiert aus den Funktionalitäten und den Kosten, die in einem karthesischen Koordinatensystem abgetragen werden. Man erhält den Achsenwert der Funktionalitäten durch Multiplikation der Funktionalitätenwerte mit den ermittelten Gewichtungsfaktoren. Die einzelnen Kostenelemente der Total Cost of Ownership werden addiert und an der anderen Achse des Entscheidungsunterstützungsmodells abgetragen. Die daraus resultierenden Positionen mehrerer Single Sign-On Produkte in dem zweidimensionalen Raum ermöglichen den Vergleich der betrachteten Single Sign-On Produkte.

Literaturverzeichnis

Allen, Ant: Single Sign-On (SSO) and Authentication Management: Perspective, online: Gartner Group Inc., 09.07.2001.

Anderson, Rolph E./ Black, William C./ Hair, Joseph F./ Tatham, Ronald L.: Multivariate Data Analysis, 5. Auflage, Upper Saddle River 1998.

Backhaus, Klaus/ Erichson, Bernd/ Plinke, Wulff/ Weiber, Rolf: Multivariate Analysemethoden: eine anwendungsorientierte Einführung, 9. Auflage, Berlin u.a. 2000.

Bartels, Andrew: Online Authentication Options: Biometrics, online: Giga Information Group, Idea Byte, 19.02.1999.

Bartels, Andrew: Online Authentication Options: Smart Cards, online: Giga Information Group, Idea Byte, 19.02.1999.

Bartels, Andrew: Online Authentication Options: User ID's With Passwords, online: Giga Information Group, Idea Byte, 19.02.1999.

Berg, T./ Kirwin, W./ Redman, B.: TCO: A Critical Tool for Managing IT, online: Gartner Group Inc., 12.10.1998.

Bleymüller, J./ Gehlert, G./ Gülicher, H.: Statistik für Wirtschaftswissenschaftler, 12. Auflage, München 2000.

Bonham, Michael B.: Not Another ID and Password – A Look at Single Sign-On, online: The Sans Institute: http://www.sans.org/infosecFAQ/authentic/sso.htm, [Stand: 18.11.2001].

Borg, Ingwer/ Staufenbiel, Thomas: Theorien und Methoden der Skalierung: eine Einführung, 3. Auflage, Bern u.a. 1997.

Cappuccio, D./ Kirwin, W./ Pawlick, S. Namasivayam: Total Cost of Ownership: Reducing PC/LAN Costs in the Enterprise, online: Gartner Group Inc., 09.02.1999.

Carden, Philip: The New Face Of Single Sign-On, online: Network Computing: http://www.networkcomputing.com/shared/printArticle?article=nc/1006/1006f1full.html&pub=nwc, [Stand: 16.09.2001].

Christiansen, Christian A./ Daly, John/ Day, Roseann: eSecurity – The Essential e-Business Enabler, online: International Data Corporation: http://www.computel.com.lb/Downloads/eSecurity.pdf, [Stand: 16.09.2001].

Derfler, Frank J./ Gunnerson Gary: Directory Services, online: ZDNet: http://www.zdnet.com/products/stories/reviews/0,4161,2433805,00.html, [Stand: 12.09.2001].

Eckert, Claudia: IT Sicherheit: Konzepte-Verfahren-Protokolle, 1. Auflage, Oldenburg 2001.

Elpelt, Bärbel/ Hartung, Joachim: Multivariate Statistik – Lehr- und Handbuch der angewandten Statistik, 5. Auflage, München, Wien, Oldenburg 1995.

Emigh, Jacqueline: Total Cost of Ownership, online: Computerworld: http://www.computerworld.com/cwi/story/0,1199,NAV47_STO42717,00.html, [Stand: 17.11.01].

Erichson, B./ Hammann, P.: Marktforschung, 4. Auflage, Stuttgart 2000.

Feiman, J.: Application TCO Model – The Cost Framework, online: Gartner Group Inc., 22.07.1999.

Flynn, H.: Real-Life Use of Roles for Access Control, online: Gartner Group Inc., 29.06.1998.

Fuhrberg, Kai: Sicherheit im Internet, online: Bundesamt für Sicherheit in der Informationstechnik: http://www.bsi.de/literat/doc/fuhrberg.htm, [Stand: 12.09.2001].

Gabriel, Roland: Dezentrale vs. Zentrale Datenhaltung, online: Ruhr-Universität Bochum, Lehrstuhl für Wirtschaftsinformatik: http://www.winf.ruhr-uni-bochum.de/download/wi1-kap4.pdf, [Stand: 12.09.2001].

Gehde, Frank: Was ist ein Intranet?, online: Arbeitsgemeinschaft Intranet: http://www.ag-intra.net/intranet.html, [Stand: 09.08.2001].

Gierl, Heribert: Marketing, 1. Auflage, Stuttgart; Berlin; Köln 1995.

Girard, John: Gartner Symposium Itxpo 2000, online: Gartner Group Inc..

Gliedman, Chip: Total Economic Impact™: An Extension of the Basic Cost Model, Part 1, online: Giga Information Group, Planning Assumption, 13.10.2000.

Gutsche, Jens: Produktpräferenzanalyse: ein modelltheoretisches und methodisches Konzept zur Marktsimulation mittels Präferenzerfassungsmodellen, Diss. Mannheim 1994/1995.

Heiniger, Jörg: Was kostet ein PC, online: Eidgenössische Technische Hochschule Zürich: http://www.id.ethz.ch/Publikationen/Input/input09/waskostet.html [Stand: 20.11.2001].

Herges, Sascha/ Wild, Martin: Total Cost of Ownership (TCO) – Ein Überblick, in: Arbeitspapiere WI, Nr. 1/2000, Hrsg.: Lehrstuhl für Allg. BWL und Wirtschaftsinformatik, Johann Gutenberg-Universität Mainz 2000.

Herrmann, Andreas/ Homburg, Christian: Marktforschung: Methoden, Anwendungen, Praxisbeispiele, 2. Auflage, Wiesbaden 2000.

Hieb, B.: Requirements for Role-Based Security Models, online: Gartner Group Inc., 05.05.1999.

Hildreth, B./ Wheatman, V.: PKI Total Cost of Ownership: At What Cost This Effort?, online: Gartner Group Inc., 20.07.2001.

Hippmann, Hans-Dieter: Statistik für Wirtschafts- und Sozialwissenschaftler, 1. Auflage, Stuttgart 1994.

Hong, Lin/ Kain, Anil K./ Pankanti, Sharath: Biometrics – Promising frontiers for emerging identification market, online: The Biometric Consortium: http://www.cse.msu.edu/publications/tech/TR/MSU-CSE-00-2.ps.gz, [Stand: 14.09.2001].

Hunt, Steve: Good Password Policies, online: Giga Information Group, Idea Byte, 04.10.1999.

Hunt, Steve: Internal Hackers Pose the Great Risk, online: Giga Information Group, Idea Bytes, 24.02.2000.

Hunt, Steve: Market Overview: Managed Security Monitoring, online: Giga Information Group, Planning Assumption, 23.04.2001.

Hunt, Steve: Passwords Are E-Commerce Friendly, online: Giga Information Group, Idea Byte, 28.03.2000.

Hunt, Steve: Password Synchronization, Single Sign-On and Central Administration, Giga Information Group, Idea Byte, 08.06.1999.

Hunt, Steve: PKI´s Do Not Replace Single Sign-On Solutions, online: Giga Information Group, Idea Byte, 14.01.2000.

Hunt, Steve: Recommendations for Secure E-Business, online: Giga Information Group, Idea Byte, 22.06.2000.

Hunt, Steve: Single Sign On 2000: The State of the Market, online: Giga Information Group, Idea Byte, 30.08.2000.

Hunt, Steve: Single Sign On Has Many Faces, online: Giga Information Group, Idea Byte, 19.06.2000.

Hunt, Steve: The Four A´s of Secure E-Business, online: Giga Information Group, Idea Byte, 07.03.2000.

Hunt, Steve: Web Single Sign-On Provides More Functionality, online: Giga Information Group, Idea Byte, 11.04.2000.

Hunt, Steve/ Rosch, Philip: Optimal Extranet Security: A Methodology, online: Giga Information Group, Planning Assumption, 15.03.2001.

Hüttner, Manfred: Grundzüge der Marktforschung, 6. Auflage, München; Wien; Oldenburg 1999.

Kaas, Klaus Peter: Empirische Preisabsatzfunktionen bei Konsumgütern, 1. Auflage, Berlin; Heidelberg; New York 1977.

Kaas, Klaus Peter: Thurstone´s „Law of Comparative Judgement", in: Wirtschaftswissenschaftliches Studium, 9. Jahrgang, 1980, Heft 5.

Kersten, Heinrich/ Wolfenstetter, Klaus-Dieter: Handbuch der Informations- und Kommunikationssicherheit, 1. Auflage, Köln 2000.

Kirwin, W.: Total Cost of Ownership: A Powerfull Management Tool, online: Gartner Group Inc., 31.05.1995.

Kleekamp, Norbert: Die Statistikpakete SPSS und SAS, online: Bauhaus-Universität Weimar: http://www.uni-weimar.de/SAGS/H2_95/spss.html, [Stand: 23.11.2001].

Koch, Jörg: Marktforschung: Begriffe und Methoden, 3. Auflage, München; Wien; Oldenburg 2000.

Kolodgy, Chuck: Security – Building Trust to Enable eCommerce, online: International Data Corporation: http://www.idc.com/Itadvisor/press/ITP010110a.htm, [Stand: 09.08.2001].

Kuppinger, Martin: Lightweight Directory Access Protocol (LDAP), online: ZDNet Deutschland: http://www.zdplanet.de/technik/artikel/nw/199912/ldap_00-wc.html, [Stand: 14.09.2001].

Lehmann, Donald/ Gupta, Sunil/ Steckel, Joel H.: Marketing Research, 1. Auflage, 1998.

Lombardo, D./ Pescatore, J.: Selecting Network Authentication for Online Business, online: Gartner Group Inc., 23.06.2000.

Malik, W.: Does Your Password Policy Reduce Enterprise Security?, online: Gartner Group Inc., 01.05.2000.

Merriman, Dan: Roles in E-Commerce Authentication/Authorization: Great Source of Efficiency When Carefully Managed, online: Giga Information Group, Idea Byte, 20.10.1999.

Neubauer, Werner: Statistische Methoden: ausgewählte Kapitel für Wirtschaftswissenschaftler, 1. Auflage, München 1994.

Dichtl, Erwin/ Hörschgen, Hans/ Nieschlag, Robert: Marketing, 17. Auflage, Berlin 1994.

Noakes-Fry, K.: Authentication: Who´s That Knocking on the Door, online: Gartner Group Inc., 06.02.2001.

o.V.: An Introduction to Role-Based Access Control, online: National Institute of Standards and Technology: http://csrc.nist.gov/publications/nistbul/csl95-12.txt, [Stand: 25.08.2001].

o.V.: Authentication, online: The Open Group: http://www.opengroup.org/security/l2-bio.htm, [Stand: 10.08.2001].

o.V.: Authorization, online: The Open Group: http://www.opengroup.org/security/l2-auth.htm, [Stand: 25.08.2001].

o.V.: Biometrische Erkennungsmethoden zur Authentisierung von Personen, online: Fraunhofer Institut: http://www.igd.fhg.de/igd-a8/projects/biois/biois_de.html, [Stand: 14.08.2001].

o.V.: Digital Certificate, online: Webopedia: http://www.webopedia.com/TERM/d/digital_certificate.html, [Stand: 12.09.2001].

o.V.: EDV Lexikon, online: Ruhr-Universität Bochum: http://homepage.ruhr-uni-bochum.de/martin.vogel/lx/t.html, [Stand: 14.11.01].

o.V.: IBM Global Sign-On for Multiplatforms, Version 2.0 – Installation and Server Management Guide.

o.V.: Langenscheidts Handwörterbuch Englisch, 5. Auflage, Berlin u.a. 2000.

o.V.: Netegrity White Paper: How to Secure Access for e-Business Web Sites, online: http://www.netegrity.com/, [Stand: 15.09.2001].

o.V.: Netegrity White Paper: How to Securely Manage E-Marketplaces, online: Netegrity Inc.: http://www.netegrity.com/, [Stand: 12.09.2001].

o.V.: Novell Single Sign-On, Novell Developer Kit.

o.V.: Novell Single Sign-On, Version 2.0: Installations- und Verwalter-Handbuch.

o.V.: Paarvergleich (Methode des paarweisen Vergleichs), online: Focus-Lexikon für Mediaplanung, Markt- und Mediaforschung: http://medialine.focus.de/PM1D/PM1DB/PM1DBD/PM1DBDA/PM1DBDAA/pm1dbdaa.htm?buchst=P&snr=2436.

Oppliger, Rolf: Computersicherheit: eine Einführung, 1. Auflage, Braunschweig; Wiesbaden 1992.

Pinnekamp, Heinz-Jürgen: Kosten- und Leistungsrechnung- Einführung in die interne Erfolgsrechnung, Kostenkontrolle und Entscheidungsrechnung, 2. Auflage, München; Wien; Oldenburg 1998.

Reinbold, Holger: Intranet-wozu?, online: ZDNet Deutschland: http://www.zdnet.de/technik/artikel/nw/199902/intranet01_00-wc.html, [Stand: 09.08.2001].

Riehm, Ulrich: Biometrische Identifikationssysteme, online: Forschungszentrum Karlsruhe, Technik und Umwelt, Institut für Technikfolgenabschätzung und Systemanalyse: http://www.itas.fzk.de/deu/tadn/tadn001/tagungsbericht2.htm, [Stand: 16.08.2001].

Riepl, Ludwig: TCO versus ROI, in: Information Management, 2/1998.

Sachs, Lothar: Angewandte Statistik – Anwendung statistischer Methoden, 9. Auflage, Berlin u.a. 1999.

Scheuch, Fritz: Marketing, 5. Auflage, München 1996.

Schlittgen, Rainer: Einführung in die Statistik, 7. Auflage, München; Wien; Oldenburg 1997.

Schwiderski-Grosche, Scarlet: Usability of Biometrics in Relation to Electronic Signatures, online: Fraunhofer Institute for Secure Telecooperation SIT: http://sit.gmd.de/SICA/papers/WS_01/Beitrag_Schwiderski.pdf, [Stand: 14.11.2001].

Schorn, Heiner: Sicherheit im Internet und Intranet: Gefährdungspotentiale und Gefahrenabwehr, 1. Auflage, Velbert.

Teibenbacher, Peter: Das Messen als Grundlage statistischer Arbeit, online: Karl-Franzens-Universität Graz: http://www-fhg.kfunigraz.ac.at/lehre/grundkurs/script/ab09/text923.htm#4 [Stand: 26.10.01].

Thurstone, L. L.: A Law of Comparative Judgement, in: Psychological Review, Vol. 34, 1927.

Torgerson, Warren S.: Theory and Methods of Scaling, 1. Auflage, New York u.a. 1958.

Walter, Wolfgang G.: Einführung in die moderne Kostenrechnung, 2. Auflage, Wiesbaden 2000.

Wellman, Frank: Software costing: an objective approach to estimating and controlling the cost of computer software, 1. Auflage, New York u.a. 1992.

Anhang A: Fragebogen

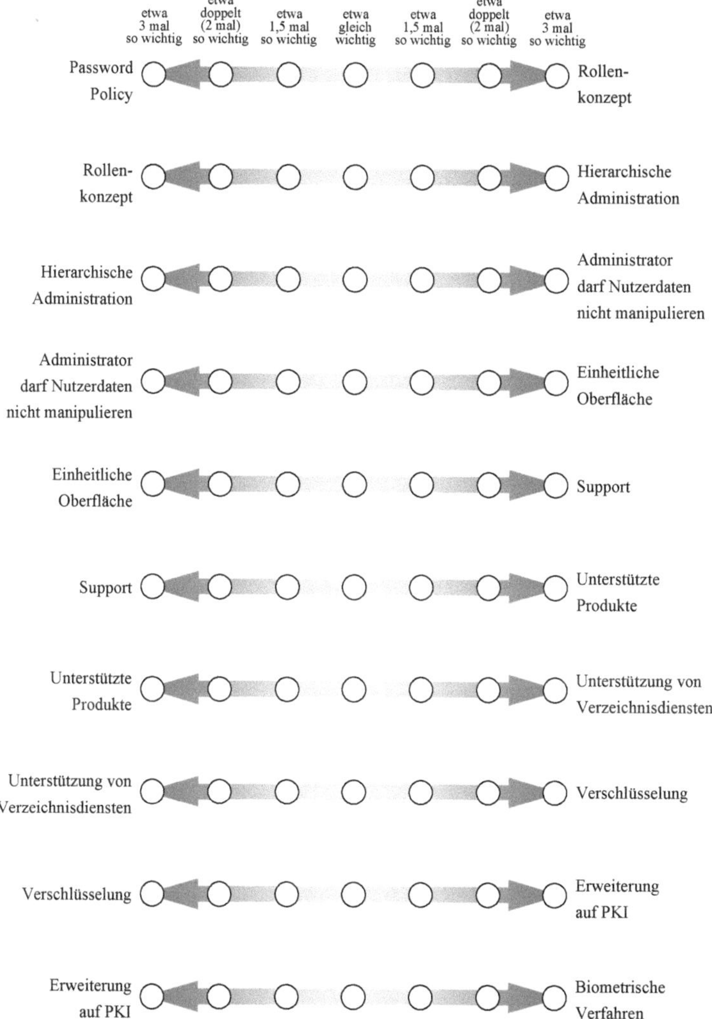

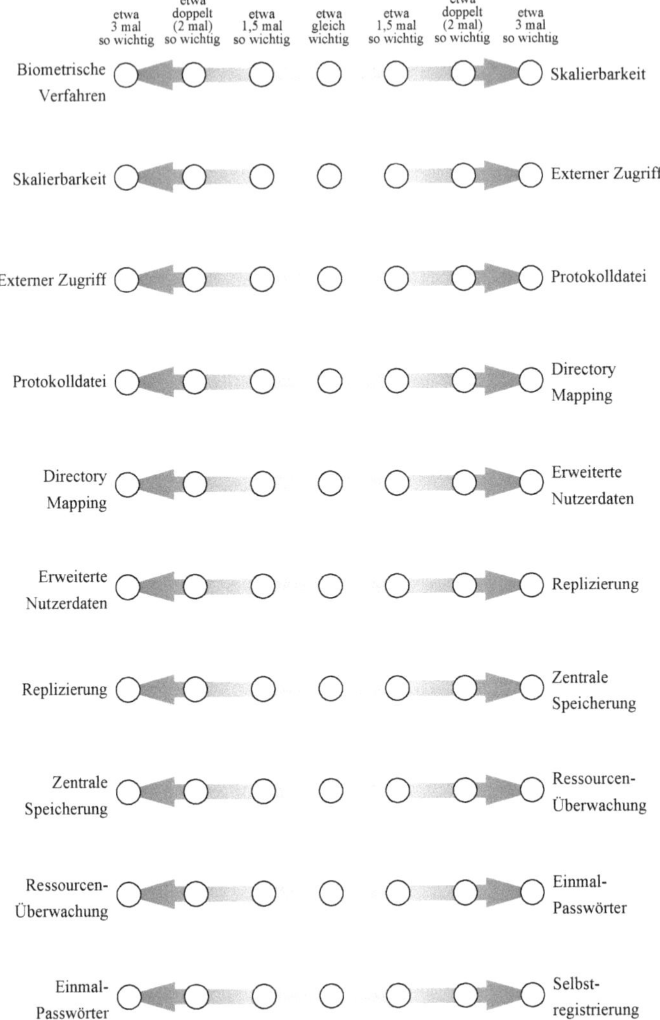
etwa
3 mal
so wichtig
etwa
doppelt
(2 mal)
so wichtig
etwa
1,5 mal
so wichtig
etwa
gleich
wichtig
etwa
1,5 mal
so wichtig
etwa
doppelt
(2 mal)
so wichtig
etwa
3 mal
so wichtig
Biometrische Verfahren
Skalierbarkeit
Skalierbarkeit
Externer Zugriff
Externer Zugriff
Protokolldatei
Protokolldatei
Directory Mapping
Directory Mapping
Erweiterte Nutzerdaten
Erweiterte Nutzerdaten
Replizierung
Replizierung
Zentrale Speicherung
Zentrale Speicherung
Ressourcen-Überwachung
Ressourcen-Überwachung
Einmal-Passwörter
Einmal-Passwörter
Selbst-registrierung

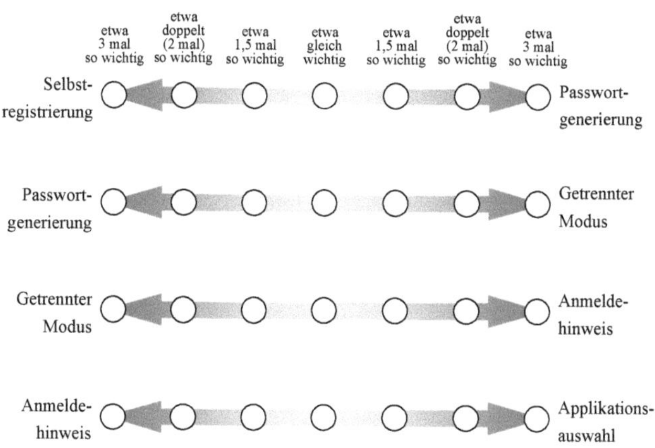
etwa 3 mal so wichtig
etwa doppelt (2 mal) so wichtig
etwa 1,5 mal so wichtig
etwa gleich wichtig
etwa 1,5 mal so wichtig
etwa doppelt (2 mal) so wichtig
etwa 3 mal so wichtig
Selbst-registrierung
Passwort-generierung
Passwort-generierung
Getrennter Modus
Getrennter Modus
Anmelde-hinweis
Anmelde-hinweis
Applikations-auswahl

Zeitfracht Medien GmbH
Ferdinand-Jühlke-Straße 7
99095 Erfurt, Deutschland
produktsicherheit@kolibri360.de